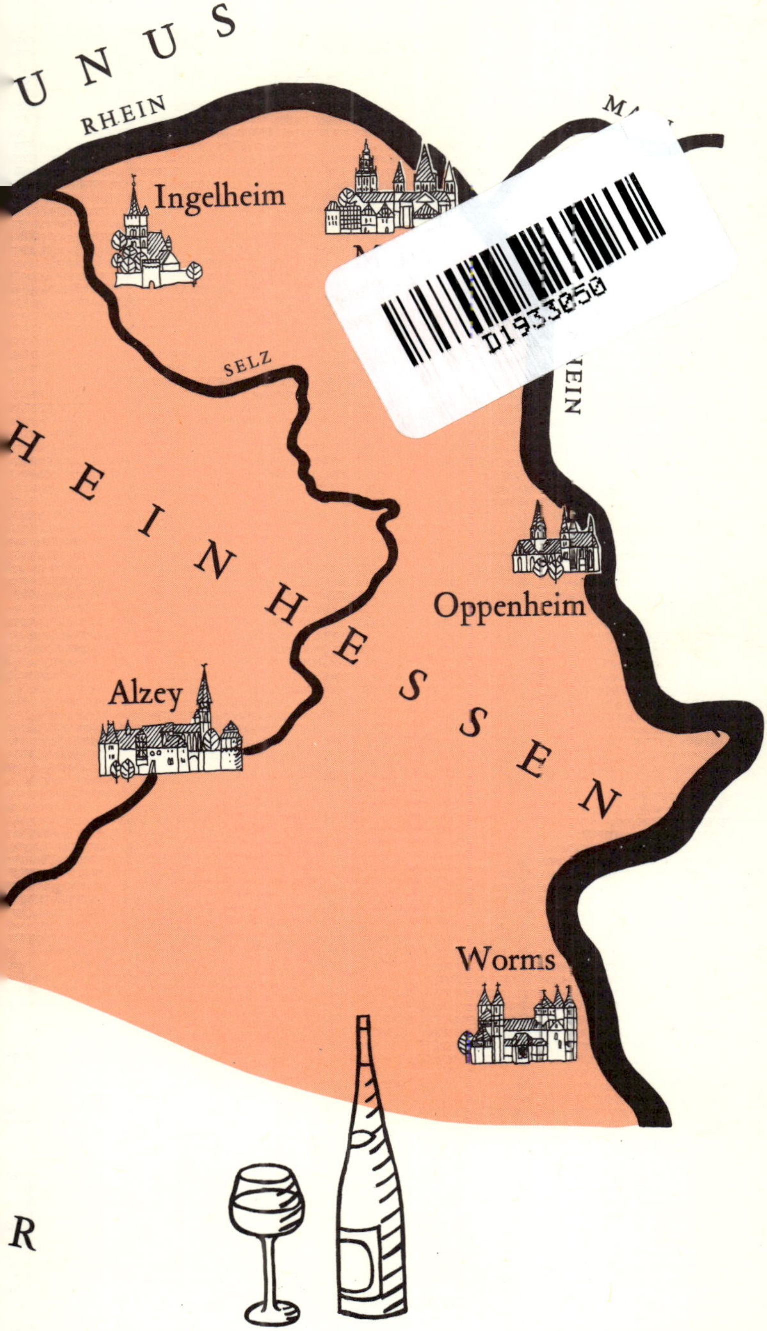
UNUS
RHEIN
Ingelheim
SELZ
RHEINHESSEN
Oppenheim
Alzey
Worms
HEIN
R

Einkehr beim Rheinhessenwein

EINKEHR BEIM RHEINHESSENWEIN

Ein weingastronomischer Führer
durch das größte deutsche
Weinanbaugebiet

von
Hans-Jörg Koch

VERLAG DER
RHEINHESSISCHEN DRUCKWERKSTÄTTE
ALZEY

Umschlagfoto: Gut essen und trinken ist eine der rheinhessischen Seligkeiten. Winzerfamilie im Hof eines alten Fachwerkhauses.

Herausgegeben mit Unterstützung
des Rheinhessenwein e. V.

ISBN 3-87854-061-2

Inhalt

ANHANG

Zum Geleit

„Einkehren" – das heißt: Pause vom Streß, Rast machen auf einer Reise, entspannen und sich in gastlicher Umgebung wohlfühlen.
Beim Rheinhessenwein einkehren ist mehr noch. Wein verklärt den Alltag und bringt verlorene Phantasie in die nüchterne Welt zurück. Er regt an zum Plaudern, zum Gespräch mit dem Nachbarn am Tisch nebenan.
Ein besonderes Erlebnis aber ist es, Rheinhessenwein dort zu trinken, wo er wächst. Denn dieser Wein ist wie die heiterhügelige Landschaft, unkompliziert, offen und vielfältig. Er ist die unterhaltsamste und schönste Einführung in die Wesensart der Menschen, die hier leben und ihn pflegen.
Leicht zu erreichen auf vielen Straßen ist Rheinhessen, kreuz und quer, eine recht unverfälschte Region außerdem. Sie zu durchstreifen, auch zu Fuß oder mit dem Fahrrad, ist ein Vergnügen nicht nur für sonnige Wochenenden. Begegnungen mit Zeugnissen einer alten Kultur sind dabei mehr als nur Bildungs-Beigaben.
Dies alles und mehr bietet das Land der abertausend Rebstöcke und bunten Weindörfer in der Kniebeuge des Rheines, zwischen Mainz und Donnersberg. In meinem Buch „Weinparadies Rheinhessen" ist es umfassend beschrieben.
Wo man den Wein „vor Ort" kennenlernt, unter fachkundiger Anleitung an der Quelle probiert oder ganz einfach in geselliger Runde trinkt, da ist auch eine wohlschmeckende Grundlage zünftig. Gut essen aber kann man überall in Rheinhessen – mal deftig-solide, mal lukullisch, rustikal oder nobel, ganz nach Neigung, Anlaß und Geldbeutel.
Wo aber findet man Weinstuben, Gutsschänken und Straußwirtschaften, Weingasthöfe und Feinschmeckertempel? Wann haben sie geöffnet, welches sind ihre Spezialitäten und Sehenswürdigkeiten?
Dieser Führer zu ausgewählter rheinhessischer Weingastronomie gibt hierauf Antwort. Alphabetisch nach Orten geordnet geleitet er zu Winzern und Wirten, zu Speise und Wein,

und vermittelt Kurzportraits der einzelnen Lokale. Eine Karte erleichtert den Weg zu diesen „Visitenkarten des rheinhessischen Weines und der rheinhessischen Küche".
Was der Weinpilger auf seiner Entdeckungsfahrt sonst noch wissen möchte wird skizzenhaft und in Übersichten nach aktuellem Stand vermittelt: Geschichte und Landschaftsstruktur, landestypische Speisen, Rebsorten und die Eigenarten ihrer Weine, Tips für Fahrten ins Land, für Weinproben und Weineinkauf, sämtliche Weinfeste, wichtige Adressen, die erste umfassende Chronik der Weinjahrgänge seit 1946, eine genaue Erklärung der Angaben auf dem Weinetikett und anderes mehr.
Von alledem vermitteln Fotos (ganz überwiegend in Farbe) einen Vorgeschmack und laden ein in das größte deutsche Weinanbaugebiet.
Der handliche „Weinkompaß für Genießer" sollte im Handschuhfach des Autos, im Rucksack oder ganz einfach in der Jackentasche immer greifbar sein – man kann nie wissen, wann Lust und Gelegenheit kommen, „Einkehr beim Rheinhessenwein" zu halten. Die Einheimischen sind dabei nicht ausgenommen.
Viel Freude beim fröhlichen Studium der schönen Dinge des Lebens im sonnigen Rheinhessen!

Einladung ins Weinparadies

Steckbrief für Entdecker

Eine Art Visitenkarte

Weinberge durchziehen das Land wie ein Netz der Fröhlichkeit, Dorf drängt an Dorf, Städte mit reicher historischer Vergangenheit umsäumen das bäuerliche Hügelland: Rheinhessen ist eine Reise wert.

Autobahnen haben Verkehrsströme nähergebracht, Fluren durchschnitten und überraschende neue Perspektiven eröffnet: A 60, 61, 63... Touristenströme aber sind ausgeblieben. Das ist eine Chance für Entdecker. Denn Rheinhessen ist ohnehin mit Prospektklischee-Denken nicht zu erfassen.

Kaum hat man die großen Reisewege verlassen, regt die Landschaft zum Verweilen an. Bucklige Straßen springen über fruchtbare Kuppen und Hochflächen, von Bächen durchflossene Talmulden öffnen sich. Wohlbestellt und doch vielgestaltig ist die Region, reizvoll für jeden, der ohne Unrast zu schauen gewohnt ist oder es wieder lernen möchte.

Es ist kein Weihrauch verzückter Heimatpoeten, wenn man die pastellfarbenen Töne, die Licht- und Schattenspiele über Korn- und Kartoffeläckern, die Fülle wechselnder Eindrücke preist: „Keine stolze Rose, eine Feldblume, eine paradiesische. Diese Landschaft ist zurückhaltend. Sie will erkannt werden; wer ihre Freundschaft sucht, muß den ersten Schritt tun." So Michel Fritzen im August 1976 in der „Frankfurter Allgemeinen Zeitung".

Daß erfaßbare Natur ohne Reiserummel geblieben ist und trotz mancher Zweckbauten und zwangsläufiger Motorisierung ursprüngliche Züge erhalten blieben, darf man als

freundliche Geste des Schicksals werten. Gleichwohl haben die Namen von Autobahnkreuzen, von Anschlüssen und Abfahrten auch eine Bewußtseinsänderung herbeigeführt: Der „Steckbrief“ für Rheinhessen ist einfacher geworden.
„Rheinhessen“ weckt nicht mehr nur Gedankenverbindungen zum „Fröhlichen Weinberg“ Carl Zuckmayers (von dem einige wohl wissen, daß er aus Nackenheim stammt, nicht aber, daß dies ein hiesiger Weinort ist), zum Nibelungenlied (Königshof zu Worms und Volker von Alzey sind geläufige Stichworte) oder zumindest – sozusagen als „letzte Hoffnung“, das Gebiet zu lokalisieren – an „Mainz, wie es singt und lacht“, vom Fernsehen populär und fast zu einem Markenbegriff gemacht.
Rheinhessen hat seine Konturen gefunden und auch seinem Wein eine nie dagewesene Bekanntheit verschafft, dank ideenreicher Aktionen vieler Selbstmarkter und Vereinigungen, vor allem aber des rührigen Rheinhessenwein e. V.
Das Land zwischen Rhein und Donnersberg wird nicht mehr großzügig – und fälschlich – „Hessen“ zugeschlagen (wo sich das benachbarte Weinanbaugebiet des Rheingaus erstreckt) oder „der Pfalz“ oder gar dem nebulosen Begriff „Rheinland“ zugeordnet. Daß es der Wein selbst ist, der mehr noch als Historie und Geographie den Namen dieses fruchtbaren Landstriches faßlich werden ließ, ist keine übertreibende Feststellung: „Rheinhessen – Herzstück deutscher Weinlande am Rhein“, eine ebenso liebenswürdige wie nach Bedeutung und Lage zutreffende Charakterisierung.

Schon die alten Römer . . .

(Wein-)Geschichte für Eilige

Rheinhessen ist altes Siedlungsland. Schon um 50 000 v. Chr. gab es in Wallertheim, einem Dorf nahe dem Wißberg, eine altsteinzeitliche Jagdstelle, ab 4000 sind Siedlungen im Lößland nachweisbar. Ende 100 v. Chr. wurde das Römerlager Moguntiacum (Mainz) gegründet.

Wohlhabende römische Offiziere und Beamte erbauten an sonnigen Südhängen ihre Meierhöfe (villae rusticae), machten sie zu Pflegestätten der Weinkultur. Dem Kaiserhaus zu Ehren weihte ein Römer dem Gott des Weines einen Altar (man fand ihn in Mainz-Weisenau), und der römische Ratsherr Dativius stiftete anno 260 n. Chr. den Mainzer Bürgern einen Ehrenbogen, dessen Nachbildung heute dort am Schloßplatz steht: Reblaub- und Traubenornamente umranken seine Säulen. Zahllose Grabbeigaben, Karste, Winzermesser, Keltern geben Kunde von frühem Rebanbau. 406 n. Chr. zogen die Römer, nach Alemanneneinfällen, wieder ab.

Um 413 ist Worms Zentrum des Burgunderreiches, 496 siegt Chlodwig bei Zülpich (in Rheinhessen vermutet) über die Alemannen, nach 500 entstehen die ersten fränkischen Siedlungen (die für Rheinhessen so typischen „-heim"-Orte). Die Franken führten das römische Erbe fort. Schenkungsurkunden dokumentieren die Ausdehnung der Rebfläche. Die erste stammt aus dem Jahre 153 und betrifft die Gemeinde Bretzenheim (jetzt Stadtteil von Mainz). Karl der Große war ein Förderer dessen, was man heute unter Qualitätsweinbau versteht. Seine weinbaulichen Erlasse gehören zu bemerkenswerten Zeugnissen hiervon.

Im Jahre 843, als das Frankenreich geteilt wird, wurde der Wonnegau, der einen großen Teil des heutigen Weinanbaugebietes umfaßte, „propter vini copiam" Ludwig dem Deutschen zugesprochen: „des Reiches Weinkeller" war Fehdeobjekt der Mächtigen, weltlicher und geistlicher Potentaten,

von Magistrat und Bürgern. Mit wohllöblichem Trunk aus der Weinkanne besiegelte man allen Streit.
Hohen Anteil an der Ausbreitung des Weinbaus hatten auch Mönchsorden. 1490 taucht übrigens erstmalig (in Worms) der Name „rüssling“ (Riesling) urkundlich auf. Eingehende landesherrliche und städtische Verordnungen regeln Anbau und Ausschank, Einfuhr und Abgaben.
Überspringt man an Geschehnissen reiche Zeiten, naht sich die Geburtsstunde dessen, was heute „Rheinhessen“ ist: Nachdem Frankreich 1797 das linksrheinische Gebiet seinem Staat angegliedert hatte („Département Mont Tonnerre“), wurde es 1816 der Provinz Hessen zugeschlagen und ist seit 1818 unter heutigem Namen bekannt.
Die Verwaltungsreform schuf in den Jahren 1968–1970 den „Regierungsbezirk Rheinhessen-Pfalz“ und dehnte ihn, auf historisch gewachsenem Boden freilich, bis in das Viertälergebiet am Mittelrhein aus. Das Weinanbaugebiet aber wird, wie einst, von der Nahe begrenzt.
Diese geschichtlichen Räume, in denen Päpste und Kaiser gewählt und gekrönt wurden, Reichstage stattfanden, Stadt- und Marktrechte verliehen, Dome und Burgen erbaut (und zerstört) wurden, Belagerungen, Brand und Pest dem Land Not und Elend brachten, wo mit Hilfe des Weines, dem Reichtum des Landes, immer wieder der Wiederaufbau gelang – diese Zeiträume spiegeln auch eine große Weingeschichte. Ihre kulturellen Zeugnisse sind in heimischen Museen zu bewundern (vgl. dazu Seiten 142/143).
1895 entstand die damalige Wein- und Obstbauschule in Oppenheim, 1897 die erste Winzergenossenschaft (Gau-Bickelheim), 1901 die Hessische Weinbaudomäne (Mainz), 1905 der Rheinhessische Weinbauverband. Im Jahre 1909 wurde die „Rebschule“ in Alzey gegründet. Sie war die Vorläuferin der heutigen Landesanstalt für Rebenzüchtung, an der Georg Scheu wirkte und deren Neuzüchtungen führend sind in der Bundesrepublik Deutschland. Im Jahre 1981 gründeten rheinhessische Winzer die „Erzeugergemeinschaft Winzersekt GmbH“.

Wo der Wein wächst

Wissenswertes vom Anbaugebiet

Wo gibt es das noch einmal auf der Welt: Nur 2 von 136 Gemeinden sind ohne Weinberge, ein Rebenmeer ohnegleichen, das ist Rheinhessen (auch „Weinhessen“ genannt): Wein wächst zum Fenster herein. Dabei ist das Wort „Weinberg“ nicht wörtlich zu nehmen, weil die Erhebungen selten 230–270 m übersteigen (356 m hoch ist der höchste „Berg“, am Übergang zum nordpfälzer Bergland gelegen).

Da sind die weltberühmten Steilhänge bei Oppenheim, Nierstein, Nackenheim (an jenem Teil der „Rheinfront“ die sich selbst „Weinterrasse“ nennt), da sind die sanften, lieblichen Hänge im Innern des Landes, gelegentlich mehr „Weingärten“ (weil die hohen Mostgewichte der Neuzüchtungen auch in flacheren Lagen Rebanbau gestatten): Alle Varianten , die Rebe zu pflanzen.

Das ist einmalig, eine „rheinhessische Spezialität“ zweifellos. Das ist aber auch der Grund dafür, daß man hier keine „Weinstraße“ kreieren konnte. Denn es gibt eben nicht nur ein paar Routen, an denen entlang die Rebe gedeiht. Weinland ist überall. Ein dichtes Geflecht von Weinpfaden und Weinwegen müßte man erfinden, um keinen Ort auszulassen. Kein Wunder, daß man der Region in jüngster Zeit auch den Beinamen „Weinparadies“ gab.

Auch klimatisch ist dies ein ideales Rebenland. Vom Steppenklima bis zu teils südländischer Fauna ist alles, was die Rebe mag, anzutreffen. Das fruchtbare, landwirtschaftlich intensiv genutzte Land wird von Hunsrück, Taunus und Pfälzer Bergland vor rauhen Winden geschützt, auch zuviel Regen halten sie ab. Rheinhessen ist eines der vier großen Trockengebiete Deutschlands und Oppenheim neben Freiburg im Breisgau eine der „heißesten Städte“. An rund 1700 Stunden im Jahr scheint in der Region die Sonne, und die Vegetationszeit ist ungewöhnlich lang (230 Tage).

Ungewöhnlich vielfältig ist auch die geologische Bandbreite

(Cyrenenmergel, Rotliegendes, Quarzitschiefer, Löß, Flugsand, Schiefer, Lehm, Kalkstein und andere), außergewöhnlich reichhaltig auch die Palette der hier angebauten Rebsorten (vgl. Seiten 103–114). Ein Weinangebot mit unendlichen Geschmacksnuancen ist die Folge solcher Umwelt.

Rheinhessen ist aber auch das Weinanbaugebiet mit der größten Rebfläche. Auf fast 25 000 Hektar bestocktem Rebboden (1986: 24 884 ha) wächst der Wein, das sind über 28 % der im Ertrag stehenden deutschen Rebfläche.

Monokulturen sind trotz der Ausweitung der Rebfläche noch immer selten. Das äußere Erscheinungsbild der Gemarkungen wird, schon dem flüchtigen Reisenden in optisch reizvoller Weise erkennbar, durch die für das Gebiet typische Mischwirtschaft geprägt. Getreide, Zuckerrüben, Kartoffeln, Raps, neuerdings auch Sonnenblumen sowie – im Mainzer Becken und nach Ingelheim hin – Obst, Spargel und Gemüse sind allerorten anzutreffen.

Doch der Weinbau herrscht vor. Fast 50 % der gesamten landwirtschaftlichen Nutzfläche nimmt er ein – ein Anteil, der in keinem anderen deutschen Weinanbaugebiet erreicht wird. Die Ausdehnung der Rebfläche hat ihr Gegenstück in der Erntemenge: Nach der Weinproduktion der Rheinpfalz ist sie die zweitgrößte in der Bundesrepublik, 25 % der deutschen Weinernte ist rheinhessisch. Über 2 Millionen Hektoliter Wein wurden 1986 geerntet (im „Rekordjahr“ 1982 waren es 3 750 000 hl). Ein „Weinparadies“ fürwahr!

Wein prägt (die) Rheinhessen

Ein vergnügliches Kurzportrait

Rheinhessen ist ein Studienraum für alle, die erforschen möchten, ob ein Verschnitt – bei der Weinbereitung seit jeher erprobt und erlaubt – auch unter „Rassen" Erfreuliches hervorbringen könne. Daß sie die Frage verneinen müßten ist kaum denkbar.
Fruchtbarster Boden lockte die Völker seit jeher in den Raum südlich der großen Kniebeuge des Rheines. Sie siedelten, verdrängten einander, wanderten durch, bauten, pflanzten und zerstörten, gaben und nahmen – und vermischten sich mit denen, die vor ihnen im Weinland seßhaft geworden waren.
Rheinhessen war nicht nur des Weines wegen ein begehrtes Territorium. Es war auch Drehkreuz der großen Völkerzüge, „Kelter Europas" und Schmelztiegel. Und doch (und obwohl pedantische Besserwisser es immer wieder leugnen möchten) existiert er, unverwechselbar nach Mundart und Brauchtum, nach Einfall und Witz, nach Lebensart und Wein: der Rheinhesse.
Er ist anders als der „Rheingauer", dem er durch Kurmainz wie sprachlich verbunden ist (mag man dort auch ein wenig riesling-aristokratisch zu den Hügeln hinüberschauen), anders als die „Bergsträßer" (einst hessen-darmstädtisch nahe im Großherzogtum), anders auch als die noch lebhafteren Pfälzer, zu denen alemannische Elemente Brücken schlagen, auch unterschiedlich gegenüber den Menschen von der Nahe, wo Bad Kreuznach eine Art Ein- und Ausgangstor zugleich ist. Deshalb brachte auch die Auflösung des Regierungsbezirks Rheinhessen nicht das Ende einer Region. Sie bleibt ein unverwechselbarer Lebensraum und Heimat zugleich.
Offen wie die nichts verbergenden Fluren ist die Ausdrucksart der Rheinhessen. Nichts bleibt unausgesprochen, mit oder ohne Wein. Sie kommen auf den Besucher zu, ein wenig

taxierend zwar, was seine Absichten angeht, aber zum Gespräch, dem leichten wie dem fachlichen, stets bereit.

Man hält in Rheinhessen nicht viel von tiefgründiger Theorie, das Greifbare bestimmt Denken und Handeln, das Heute gilt. Herzhaft und deftig wie seine Küchenspezialitäten ist der Mensch hierzulande, weltoffen auch wie sein Wein: ein rustikaler Kosmopolit (ein nur scheinbarer Widerspruch in sich), freigeistig bei aller unorthodoxen Frömmigkeit, Unvereinbares zusammenbringend.

Beim Wein eröffnet sich die Denkwelt der Rheinhessen. Denn er regt an zum „Babbeln", rückt eigene und anderer Leute Maße wieder zurecht, entgrübelt und befreit von Weltschmerz-Problematik. Man wirft die Krücken der Seele weg und wird frei: „In Vino Salvatio" – der Wein erlöst von den Bedrängnissen des Lebens (wie der Wahlspruch der „Weinbruderschaft Rheinhessen" lautet). So sind auch die Menschen, die ihn trinken, denn der Wein hat sie geformt wie keine Ideologie dies vermöchte.

Napoleon hat manches hinterlassen, auch ein wenig Egalité, Liberté, Fraternité. Und aus den Anfangsbuchstaben dieser Worte ist die „Elf" der Fassenacht, ihr Wahrzeichen, in der Zahl der Komiteeter verkörpert, entstanden, jenes Festes, das trotz aller Medieneinflüsse nichts an Originalität verloren hat und ohne den Geist des Weines und des Sektes nicht denkbar wäre.

In seltener Harmonie erwächst in Rheinhessen der Mensch aus der Landschaft des Weines und aus dem steten Umgang mit ihm, entsteht Geschichte daraus und macht ihn zum Objekt. Wein prägt Handel und Wandel, und sind die Weinernten gut geraten, ziert Wohlstand auch die Kaufmannshäuser und Bürgerstuben.

Ein wenig lästerlich, aber im Grunde doch zutreffend schrieb „Der Spiegel" im Jahre 1973 von dieser Region: „Eine Kleiderordnung gibt es nicht, aber Kondition ist mitzubringen. Denn fein geschliffene Umgangsformen oder eine schwache Leber sind gleichermaßen hinderlich, wo jegliches Zeremoniell in den Refrain ‚Ergo bibamus' mündet und wo man das

In den Talmulden des rheinhessischen Hügellandes kuscheln sich die Weinorte mit engen Gassen, fränkischen Höfen, mit bunten Ziegeln gedeckt. Pappeln und Büsche säumen den Weg.

Ein knuspriges, hausbackenes Bauernbrot und eine Flasche Wein für die „Pause zu zweit“. Von der Anhöhe schweift der Blick über die Rebenhänge der Weinberge am Rhein.

akademische ‚Gaudeamus igitur' getrost mit ‚Kraft durch Freude' übersetzen kann".
Warum auch leugnen, daß ein negativer Lebertest die größte Freude ist, die man einem weinfrohen Rheinhessen an einem „runden Geburtstag" in höherem Alter bereiten kann? Und wenn ein Patient aus dem Hügelland trotz bester ärztlicher Betreuung im Krankenhaus geminderte Lebenslust erkennen läßt, dann ist dies keine Entzugserscheinung, sondern das natürliche Verlangen nach dem die Lebensfreude erhaltenden täglichen Schoppen (den kluge Mediziner hierzulande nicht verweigern).
Nicht nur einmal aber habe ich erlebt, daß gestandene Männer einen geheimnisvollen Koffer auf die Urlaubsreise mitnahmen, schwer und gläserne Geräusche hören lassend: etliche Flaschen rheinhessischen Weines, sogar auf einer Fahrt nach Paris von Landfrauen mitgenommen und selbst auf Reisen in andere europäische Weinländer – weil man ihn eben so gewohnt ist.

Vom „goldnen Mainz“ zum „Wonnegau“

Reisetips zum Kennenlernen

Mainz wird oft „die heimliche Hauptstadt des deutschen Weines“ genannt. Überreich an historischen Bauten, an großen Weinhandlungen und Sektkellereien, nennt sie auch das „Haus des Deutschen Weines“ ihr eigen. Nach dem Bremer Ratskeller findet man dort die größte Weinkarte Deutschlands. Die Stadt Gutenbergs und der Fassenacht ist wahrhaft eine „goldene“, welches Attribut auf die alte Zunft der Goldschmiede ebenso hinweist wie auf den einstigen Reichtum der Stadt und den Humor ihrer Bürger.

Das römische Weinschröterdenkmal erinnert daran, seit wann Wein aus Rheinhessen exportiert wird: ein Sklave rollt ein Weinfaß über eine Schrotleiter zu Schiff. Wein war schon immer ein begehrter Ausfuhrartikel und auch den vielen Besatzungsheeren, die hier schon Station machten, willkommen. Von der Weinatmosphäre in den kleinen Mainzer Weinstuben ist an anderer Stelle zu lesen (vgl. Seite 30).

Von Mainz aus geht es hinein in das Weinparadies Rheinhessen, das Sonnenland, wo Winzerinnen aussehen wie die Madonna im Mainzer Dom und Winzer in würdigen Lebensjahren Bäuche haben wie die Ranzengardisten im Rosenmontagszug oder wie der „Schoppenstecher“ auf dem Schillerplatz, Denkmal des Urmainzers.

Von Mainz aus strahlen die Wege aus über die alte Kaiserstraße nach Südwesten oder nach Westen und Süden am Rhein entlang. Zum romantischen Felsental des großen Flusses, wo das Weinanbaugebiet an der Einmündung der Nahe beginnt, führt die Reise durch große Obstanlagen zum von großer Vergangenheit träumenden aber auch wirtschaftlich avancierten Ingelheim, der Rotweinstadt, und weiter zum Rochusberg bei Bingen, wo der Weihbischof zu Goethes Zeiten von der Außenkanzel der Kapelle die berühmte Weinpredigt hielt: Pflichtlektüre aller Weinfreunde, weil sie Zechvermögen und Kennerschaft in würdiger Symbiose vereint.

Von dort biegt man ab in das wellige, offene Land, das sich hinter Scharlach- und Jakobsberg dehnt. Alles Gegensätzliche scheint dort gemildert vom Wein. Die reizvollen Details der Dörfer nimmt der nur vorbeihuschende Autobahnbenutzer kaum wahr, dem hektisch Blickenden mögen sie langweilig dünken. Deshalb sollte man die Landstraßen benutzen, die jetzt nicht mehr so belegt sind und Zeit zum Schauen gewähren: Wallfahrtskirchen, Tortürme, alte Ringmauern, gut restaurierte Dorfkirchen und Rathäuser, Adelshöfe und Mühlen, die oft zu Weinschänken wurden, herrschaftliche Güter, wo die Bodenbonitäten hoch sind, und Dokumente in Stein und Metall und Papier in den Museen . . .
Das Land ist reich, trotz mancher Frost- und Schädlingsjahre, wenn auch die Nachwehen manch leidvoller Entwicklung Existenzsorgen für die Zukunft bringen. Niemand greift hier nach den Sternen spektakulären Geschehens. Auch die Dorfbilder sind mehr nach Zweckmäßigkeit und Nutzen als nach ästhetischen Gesichtspunkten gestaltet. Aber wetteifernd haben sie sich in den letzten Jahren hübsch herausgeputzt, Fachwerk freigelegt, Blumenschmuck vor Fenstern und Torhäusern, gediegene alte Bauweise bewahrend.
Vorbei an gepflegten Weinbergen erreicht man die Volkerstadt Alzey mit ihrem alten Schloß, wo die Weine des Umlandes einst im gewaltigen Zehntkeller lagerten, ohne die der pfälzische Kurfürst zu Heidelberg nie seine Kapitalräusche gehabt hätte. Und dann eilt die Straße hinunter in den Wonnegau (welch paradiesischer Name, mögen die Sprachforscher ihn auch von den Vangionen herleiten), jener fruchtbaren Landschaft vor den Toren der geschichtsträchtigen Nibelungenstadt Worms, und wieder rheinabwärts über das stolze Oppenheim, wo Gotik und Weinallgegenwart in den buckligen Gassen bezaubert, zu altbekannten Weinstädtchen wie Nierstein und Nackenheim, in denen auch die „Schifferleut“ zuhause sind.
Immer wieder aber sollte man abschweifen von den großen Routen zu den typischen Frankendörfern, wo Haus an Haus gelehnt und kein Zentimeter Boden verschwendet ist, wo das

Herz des Weinlandes schlägt: Abstecher für Entdecker und Genießer, für die ich in meinem Buch „Weinparadies Rheinhessen“ spezielle Autorundfahrten erstmals zusammengestellt und beschrieben habe. Man haltc sich dabei an Rat und Motto eines hier entstandenen Weinliedes, in dem es überzeugt und sachkundig heißt:

Fahr doch emol im Land erum
un guck dich dort gut um!
Beim Winzer in de Straußwertschaft,
do hockst de Stunn um Stunn.
Zu Brot un Blut- un Lewwerworscht
trink „Halwe“ for de Dorscht!
Ich sing mein Lied, jetzt horscht:

Ich trink so gern Rheinhessenwein,
weil der mir gut bekommt!
Dafür da geh ich meilenweit,
weil jeder Weg sich lohnt!
Heut will ich mal en „Staabische“,
der muß ganz trocke sein.
Es nächste Mal en „Liebliche“,
mit „Blume“ zart und fein.
Ich trink so gern Rheinhessenwein
weil der mich fröhlich macht.
Ich find dort stets de Rischdische,
für'n Daag und für die Nacht.

Von der Traube in die Flasche

Wie der Wein zum Weintrinker kommt

Die oft schmerzhafte „Gesundschrumpfung“ der Weinbaubetriebe hat, wie in fast allen Weinbauländern der Welt, zu einer merklichen Veränderung der Betriebsstrukturen geführt. Ausgenommen den „Feierabendwinzer“, der seinen Haupterwerb in der Industrie des Rhein-Main-Gebietes hat und nebenbei noch seine Weinberge bestellt, gibt es den „kleinen Winzer“ von ehedem nicht mehr. Insgesamt (einschließlich der Nebenerwerbswinzer) zählt man noch rund 11 000 Winzerbetriebe in Rheinhessen.

Was der Vater gewohnt war nutzt dem Sohn nur noch wenig, bei aller Liebe zur Tradition, die nicht vergessen wird über dem, was man heutzutage „Technologie und Marketing“ nennt. Der rheinhessische Winzer von heute erzeugt und pflegt den Wein nicht mehr nur nach Herkommen. Er ist in der Regel Winzermeister oder Weinbauingenieur und hat eine Fachschule besucht: die Landes-Lehr- und Versuchsanstalt für Landwirtschaft, Weinbau und Gartenbau in Oppenheim (hier „die Weinbauschul“ genannt), oder er ist „Kreuznacher“, „Geisenheimer“ oder „Hohenheimer“. Er hat Auslandsreisen gemacht, Kellertechnik und Betriebswirtschaft studiert, weiß zu argumentieren und nimmt Anteil an der Weinbaupolitik seines Berufsstandes.

Das ist auch gar nicht anders möglich, wenn Großbetriebe lebensfähig erhalten werden und ihre Chance am Markt in einer Zeit zunehmender Liberalisierung und damit starker ausländischer Konkurrenz wahren sollen.

Immerhin sind es etwa 25 % der rheinhessischen Weine, die direkt – vom Winzer zum Verbraucher also – abgesetzt werden. Diese Selbstmarkter bringen ihren Wein meistens im Kleinbus zum Kunden, der irgendwo nördlich der Mainlinie oder in Bayern zuhause ist. Er veranstaltet dort auch kleine Weinproben und gewinnt treue Stammkunden, wobei es nicht selten zu familiären Kontakten kommt und Einladungen ins rheinhessische Weinland ausgesprochen werden.

Der „Weinbauer“ ist damit nicht nur dem Großagrarier nahegerückt, er ist auch zugleich Unternehmer mit hoher Arbeitsbelastung und Verantwortung. Der einfache Winzer alter Zeiten, der noch den Schwefelspan ins Holzfaß hängte und nur dem Kommissionär verkaufte, ist Historie geworden. Die Weinbaugeräte von früher kann man im Deutschen Weinbaumuseum in Oppenheim bestaunen, das 1980 eröffnet wurde.

Nun ist natürlich „der direkte Draht“ vom Erzeuger zum Weintrinker nur eine der Vermarktungsmöglichkeiten. Groß ist auch die Zahl derjenigen Weinbaubetriebe, die ihren Wein nur oder neben der Selbstvermarktung „auf dem Faß“ verkaufen, an den alteingesessenen Weinhandel. Etwa 150 reine Weinkellereien (die nicht zugleich Selbstvermarkter sind) gibt es in Rheinhessen noch. Sie nehmen dem Winzer die kostenaufwendige Einlagerung und Pflege der Produkte ab und veräußern ungefähr 60 % der Weinmenge meistens an Großabnehmer, an Einzelhandel, Supermärkte und Gastronomie des In- und Auslandes.

Nach 80 Ländern der Welt geht Rheinhessenwein so auf die Reise. Ungefähr 25 % des in Rheinhessen erzeugten Weines werden ausgeführt. Etwa 35–40 % beträgt der Anteil am deutschen Weinexport insgesamt, wobei die USA und Großbritannien schon immer Hauptabnehmer waren. Vor allem an der „Rheinfront“ zwischen Mainz und Worms, aber auch in Bingen, haben die Exportkellereien ihren Sitz und spannen von dort den Bogen bis nach Übersee. Die Notwendigkeit, mit möglichst großem, nicht zu rasch erschöpftem Angebot auf dem Markt zu konkurrieren, hat im übrigen auch zu unterschiedlichen Formen der Zusammenschlüsse geführt: Zu den etwa 32 Winzergenossenschaften zum einen, von denen wiederum die Hälfte als Vollablieferer in der Zentralkellerei Rheinischer Winzergenossenschaften (Gau-Bickelheim) vereinigt ist, ferner zu Erzeugergemeinschaften, die mit dem ortsansässigen Weinhandel zusammenarbeiten. Über diese Zusammenschlüsse werden ca. 15 % der rheinhessischen Weinernte abgesetzt. Nicht vergessen werden darf aber auch

die „Erzeugergemeinschaft Winzersekt“, die mit großem Erfolg Rebsorten- und Lagensekte aus Weinen rheinhessischer Winzer herstellt, mit denen diese ihr Weinsortiment abrunden.
Durch alle diese, von der Gebietsweinwerbung unterstützten Bemühungen ist die lokale Selbständigkeit der Gewächse des Landstrichs immer mehr hervorgetreten und hat sie aus dem großen Begriff „Rheinwein“ herausgehoben.

Visitenkarten der Weingastronomie

Backesgrummbeere und Spundekäs

Weingerechte rheinhessische Küche

Die rheinhessische Geographie „leibhaftig“ zu erfahren ist ein gaumenfreundliches Abenteuer ohne Reue.

Gut essen und trinken sind in diesem allumfassenden Weinland sehr beliebte Beschäftigungen – freilich neben und nach der das ganze Jahr währenden harten Arbeit. Feste feiern, das tun sie von Herzen gern – heute mehr als früher, als die Kerb (Kirchweih) neben den kirchlichen Feiertagen die einzige Unterbrechung des bäuerlichen Jahresrhythmus war.

Ohne Gäste aber ist dieses mit Hingabe gepflegte „Brauchtum“ nur halb so schön: „Kummen erinn, hocken eich un schneiden eich Quetschekuche!“ – so heißt auf altrheinhessisch die freundliche Aufforderung.

Die **„große rheinhessische Küche“** ist herzhaft, deftig. Rustikales überwiegt (die „grande cuisine“, Feinschmeckern empfohlen, ist eine neuzeitliche, dem Wein neue Reviere eröffnende Entdeckung, aber keineswegs „original rheinhessisch“). Das gewaltige Schnitzel und ein zartes Kotelett sind unverändert die beliebtesten Gerichte, zuhause wie im Gasthaus.

Ein typisch rheinhessisches Kerbe-Essen ist Rindfleisch mit Meerrettich und süßsauren Beilagen (z. B. süßsauren Gurken, Zwetschgen und/oder dicken Trauben), Preiselbeeren und Kartoffeln. Ein junger, würziger Wein paßt trefflich dazu. Auch Schweinebraten mit Apfelrotkohl und Salzkartoffeln oder Püree gehören dazu. Ebenso ist die „Kartoffelsupp (Grummbeerebrüh) mit Quetschekuche“ grundsolide Kost des Landes, wenn auch fast nur noch „in Familie“ zubereitet. Für eine größere Weinreise sollte man solche (einige

der wenigen wirklich originalen) Gerichte bei guten Freunden vormerken lassen und sich wünschen. Pellkartoffeln („Gequellte") mit frischer Leberwurst und Gurken oder Weichekäs' sind ebenso landesgemäß (die Kartoffel aber nicht verschämt in Stanniolpapier eingewickelt).
Wenn man auch ein wenig in die Vergangenheit schweifen muß, weil viele Gerichte von anno dazumal doch einer „deutschen Einheitsküche" gewichen sind, so ist dieser Katalog wirklich „recht rheinhessischer" (und nicht nur so betitelter) Gerichte keineswegs erschöpfend: Das „Rippche mit Sauerkraut" zählt noch dazu, auch die dicke Bohnensuppe mit „Abbelkichelcher" (mit Eierteig umhüllte Äpfel, in Teig ausgebacken), „Quer dorch de Gaade" (Gemüsesuppe), die „Geröstete mit Weinsupp" und auch (kaum noch anzutreffen) der Speckpfannekuchen mit Salat.
Vor allem aber – neuerdings durch die Landfrauenverbände wieder sehr „in Mode gekommen" und angeblich einst von Framersheim ausgehend – die „Backesgrummbeere". Das Rezept wechselt von Dorf zu Dorf, aber es gibt ein ungefähres Grundrezept: Rohe Kartoffel in Scheiben geschnitten, schichtweise mit gesalzenem und geräuchertem Schweinefleisch zusammengegeben, gut gewürzt, mit Wein(!) aufgefüllt, mit saurer Sahne übergossen, in einem Bräter (= eiserner Topf, sog. „Krobbe") geschichtet und im Backofen (früher im Dorfbackhaus = Backes, daher der Name) gegart. Die Backesgrummbeere sind eine rheinhessische Delikatesse (aber wiederum: eigentlich nichts für ein „foines" Ambiente, sondern eben die bäuerlich-stolze Herkunft nicht verleugnend).

Schwört, daß Ihr Euch nit fercht
Nit vor de größte Schoppe,
Nit vor de dickste Werscht!

So lautet die Aufforderung bei der Vereidigung der Rekruten am Nachmittag des Fastnachtsamstag auf dem Gutenbergplatz zu Mainz. „Wir schwören" – ist die Antwort, und das Feldgeschrei lautet: „Weck, Worscht un Woi". Diese rheinhessische Trinität ist auch in den Weinstuben, Gutsschänken und Straußwirtschaften zuhause.

Die „**weingerechten Speisen**" sind Hausmacherkost, die vor oder während dem Eintrinken ratsam ist. Der Wein schmeckt dann noch besser und wird vor allem „besser vertragen". Allen voran sind es die erwähnten „dicken Würste" wie Leberwurst, Blutwurst und Schwartenmagen mit Schwarzbrot und Senf oder Gurken („Winzervesper" genannt), auch Fleischwurst mit dem „Paarweck" (einem Wasserweck). Mit einem Müller-Thurgau oder einem nicht zu säurearmen Neuzuchtwein gepaart sind sie die „Verführung auf rheinhessisch" schlechthin!

Typisch rheinhessisch ist auch der „Handkäs' mit Mussik", ein Handkäse, der mit Essig, Öl, Zwiebeln, Pfeffer und etwas Knoblauch bereitet und von den Mainzern dann am liebsten gegessen wird, wenn er nicht mehr hart und weiß, sondern schon ein wenig „laafig" und „dorch" ist – und seinem fortgeschrittenen Entwicklungszustand entsprechend „riecht". Ein herber Literwein paßt besonders gut zu ihm! (Die „Mussik" – mundartliche Aussprache – verursachen später die Zwiebeln.)

Ähnlich zünftig ist ein fester Weichkäse, meistens mit rotem Paprika oder Pfeffer und Zwiebeln „angemacht" und in Rheinhessen „Spundekäs" geheißen (weil früher – heute nur noch selten – in Form eines spitz zulaufenden, gedrehten Faßstopfens [„Spunde" genannt] aufgetragen). Er ist auf fast jeder Speisekarte zu finden und eine treffliche Begleitung zum Wein.

Einige der weingerechten Spezialitäten sind „importiert" und inzwischen der heimischen Küche einverleibt. Die Übernahme fremder Errungenschaften hat den Rheinhessen noch nie Probleme bereitet. Schon ein Blick zur Fassenacht zeigt dies auf: Die „Schwellköpp", im Rosenmontagszug traditionelle Symbole, sind aus Nizza eingeführt, die Gardeuniformen den diversen Besatzern abgeguckt und der „Kampfruf" aller närrischen Streiter, das scheinbar so originale Mainzer „Helau", stammt aus Düsseldorf.

Zu diesen „Wein-Zuspeise-Importen“ gehören u. a.: Die Zwiebelkuchen (aus dem alemannischen Raum und der Pfalz nach Rheinhessen gekommen), aus salzigem Hefeteig gemacht, mit einem Belag aus geschnittenen Zwiebeln, klein gewürfeltem Speck und saurer Sahne gebacken und ofenwarm zum jungen Wein (dem „Bremser“ oder „Federweißer“) serviert; die Maultaschen (ebenfalls aus dem alemannischen Raum „zugezogen“), gebackener Nudelteig, gefüllt mit gewürztem Hackfleisch, in Fleischbrühe gekocht; der Spießbraten (aus der Gegend um Idar-Oberstein an der Nahe), ein marinierter, mit Zwiebeln und Gewürzen gefüllter, gegrillter Schweinebraten; die „Nackische“ (angeblich noch ein schwäbisches Gericht), rohe Bratwürste ohne Haut.

Wo man gut trinkt und isst

Ausgewählte rheinhessische Weinlokale

Der Pfälzer Journalist und Schriftsteller Karl Heinz schrieb vor vielen Jahren in einem Feuilleton: „Eine rechte Hocke, eine Bleibe, eine Beize, den rheinhessischen Wein von Grund auf zu studieren, habe ich bis heute vergebens gesucht.“ Hätte sich dies nicht gründlich geändert, wäre es eine Sünde wider den guten Geist dieses Weinlandes, eine solch kritische Anmerkung voranzustellen. Gut essen und trinken kann man inzwischen landauf und landab. Die rheinhessische Weingastronomie ist nicht mehr ein Aschenputtel der Touristik, wenn auch (und dies erfreulicherweise) bodenständig geblieben.
Rheinhessenwein lernt man eben nicht nur zuhause schätzen, fernab vom Winzer, jenseits des „Wein-Limes“. Er will, wie alles Erlebenswerte, an seiner Wiege erlebt, „an der Quelle“ erkundet, getrunken und erst dann nacherlebt werden. Zu einer Reise von Nord nach Süd lädt das offene Land geradezu ein. Den Wein im Land selbst zu trinken ist eine unvergeßliche Einstimmung, die mehr als alles Gedruckte haftet.

Einen Abend in dem Dorfe
bei dem Winzer zu verbringen,
heißt dem Land ins Herze schauen,
und du hörst die Seele klingen.

So hat Franz Joseph Spang, Mundartdichter und Heimatforscher aus Gau-Bickelheim am rebenreichen Wißberg, eines seiner vielen Gedichte begonnen.
Ganz verschiedenartig sind die Weinlokale hierzulande: Beginnen wir mit den ganz und gar einfachen, nicht pomphaft überladenen kleinen **Weinstuben**, Legion in der Landeshauptstadt (und dort zu fast jeder Zeit ab dem Dämmerschoppen gut besetzt: vor manchen heißt es anstehen wie in schlechten Zeiten), von denen Alfons Paquet schreibt: „Jeder Abend in Mainz ist eine Einladung in die hundert halbversteckten, freundlich engen Weinstuben, wo nichts den Gast

ablenkt. Die behaglichen Bänke verlocken zur stummen Selbstschau, aber ebenso zum lebhaften Gespräch mit dem zufälligen Nachbar."

Weinstuben als Ort der Therapie gegen Einsamkeit und Isolierung: Im bäuerlichen Land sind sie verstreut, Dorfneuigkeiten sind auch heute noch dort zu erfahren, wenn man nicht allzu distanziert und besserwisserisch ist. Rheinhessische Mentalität und Weltbetrachtung läßt sich hier zu vorgerückter Stunde vorzüglich studieren. Viele der Weinstuben haben Geschichte, haben berühmte Besucher gesehen, andere sind ganz einfach der Ort, wo man „en preiswerte Halwe" trinken kann, fern überzogener Modernität, ohne Musikbox und Firlefanz. Die „Weinbruderschaft Rheinhessen" und die „Ehrbare Mainzer Weinzunft" (zwei rein ideelle, der Weinkultur verpflichtete Vereinigungen, die eine in der ganzen Region verbreitet, die andere auf den Stadtbereich beschränkt) testen übrigens Weinstuben und Weine von Zeit zu Zeit auf Ausstattung und Weinqualität.

Doch da vom „Halwe" die Rede ist, einige Verständnishilfen zum Wortkatalog der hier üblichen Weinschankgefäße: „En Halwe" verlangt der Weindurstige, und das sind in Rheinhessen 0,2 l offener Wein (nicht 0,25 l, wie in der Pfalz oder in Baden-Württemberg). Er ist also nicht wörtlich zu nehmen, der „Halwe", ein halber Schoppen (Wein) ist es nicht. Der Pokal (Römer) oder das spezielle Rheinhessenglas hat das noch Ende des 18. Jahrhunderts gebräuchlich gewesene Schoppenglas ersetzt. Das zylindrische Weinglas jedoch ist als „Mainzer Stange" bekannt, faßt 4/10, wird aber fast überall mit 2/10 (also halb voll) eingeschenkt, man findet es nur in Mainzer Weinstuben. Es ist besonders standfest und paßt gut zu den Holztischen und der „Schoppenstecher-Atmosphäre".

Verlangt einer „ein Achtel Wein", dann erhält er ein Zehntel (0,1 l) im kleinen Pokal oder im fußlosen Probierglas (wie dies im übrigen auch an den Probierständen der Weinfeste üblich ist). Der Rheinhesse nennt das „e Piffche" (kurz wie ein Pfiff). Bei repräsentativen Weinproben wird dieses kleine

Weinprobierglas nur zu gut 1/3 gefüllt, damit man alle vorgestellten Weine mit wachen Sinnen verkosten kann.

Dann gibt es da die **Weingasthöfe**, in denen man nach Art des Landes „rheinhessisch ißt" und passende Weine dazu trinken kann. Wettbewerbe auf Kreisebene und solche des Rheinhessenwein e. V. spornen zu Leistung und landestypischer Ausstattung an. Schilder wie „Anerkannter Weingasthof im Weinparadies Rheinhessen" weisen auf so prämiierte Restaurants hin.

Über 1100 Schank- und Speisewirtschaften gibt es in Rheinhessen. Von ihnen wurden in diesem Buche nur solche ausgewählt, die niveauvoll und mit Weinatmosphäre eingerichtet sind (wobei gediegen-ländliches Mobiliar kein Hinderungsgrund war, wenn Speisen und Weine damit harmonieren). Daß mindestens 5 rheinhessische Weine (offen oder in Flaschen) auf der Weinkarte stehen war Bedingung (getreu dem Motto „Einkehr beim Rheinhessenwein"). Gaststätten mit überwiegendem Bierausschank wurden nicht berücksichtigt. Wo beide Voraussetzungen erfüllt waren wurden aber auch Lokale mit ausländischen Gerichten nicht ausgeschlossen, wenn der Gesamteindruck dies rechtfertigte.

Auf Angaben, die raschem Wandel unterliegen (Name des Wirtes, Preise usw.) wurde verzichtet. Öffnungszeiten sind zwar verzeichnet, für sie kann aber naturgemäß keine Gewähr übernommen werden. Die Auswahl mußte im übrigen auf solche Restaurants beschränkt bleiben, deren Inhaber bereit waren, nicht offenkundige, für den Weinfreund aber wichtige Details mitzuteilen.

Feinschmecker-Restaurants oder solche mit Spezialitäten (also mit nicht gerade „typisch rheinhessischer", aber zum Wein passender und auch auf diesen abgestimmter Küche) ergänzen die Weinstuben und Weingasthöfe.

Direkt beim Winzer kann man den Wein, mit „weingerechten Speisen" (Seite 28), auch genießen: In Gutsschänken, Straußwirtschaften sowie in Weinprobierstuben und -kellern. Alle diese sind Teile des Erzeugerbetriebs.

Straußwirtschaften dürfen, anders als Weinstuben, nur an 4 zusammenhängenden Zeitabschnitten von insgesamt 4 Monaten im Jahr eigenen Wein ausschenken. Höchstens 40 Sitzplätze sind erlaubt, und eine Schank- oder Speisewirtschaft darf nicht damit verbunden sein. Nur kalte und einfach zubereitete Speisen dürfen dort verabreicht werden, und nur der Winzer selbst darf „Straußwirt" sein.

Die **Gutsschänken** hingegen benötigen eine Konzession (die bestimmte hygienische und räumliche Ansprüche bedingt). Sie sind meistens das ganze Jahr über geöffnet, wenn auch oft erst am späten Nachmittag oder Abend oder manchmal nur an Wochenenden: Anmeldung ist ratsam, jedenfalls bei größeren Gruppen). Hier ist eine größere Speisenauswahl möglich (auch warme Mahlzeiten). Wie in den Straußwirtschaften dürfen ebenfalls nur selbsterzeugte Weine angeboten werden.

Diese Straußwirtschaften und Gutsschänken sind fast alle rustikal, mit viel Holz und alten Weinbergsgeräten, ausgestattet. Familienfotos, Urkunden über bei der Weinprämiierung errungene Preise und bacchantische Schnitzereien zieren die Räume. Bisweilen sind sie in alten Ställen mit Bogengewölbe untergebracht, anheimelnd und gemütlich.

Nahezu jedes Weingut hat im übrigen inzwischen seine **Weinprobierstube** (wo also keine Straußwirtschaft oder Gutsschänke betrieben wird). Sie ist bewirtschaftet (der Winzer muß sich auf den Besuch einrichten und unterstellt ein gewisses Kaufinteresse). Hier – wie natürlich auch in den Gutsschänken und Straußwirtschaften – kommt der Kontakt zwischen Winzer und Weintrinker rasch zustande – und damit das persönliche Vertrauensverhältnis, das besser als jede Kontrolle Bürge ist für guten Wein. Man erfährt Wissenswertes über den Betrieb, über die Familie, über Sorgen und Nöte im Weinbau, über Rebsorten, Schädlinge und Vermarktungsprobleme.

Zu den Weinproben werden Brötchen gereicht, sie umfassen 6–20 Weine und sind individuell gestaltet, Wünsche sollten

geäußert werden. Wird Wein in größerer Menge eingekauft, sind die Proben kostenlos. Auf diese Weise kann man risikoreichen Weinkauf vermeiden, sich aus der Palette der Rebsorten das Zusagende heraussuchen. Langewährende Freundschaften sind dabei schon entstanden, und ist man zufrieden, holt der Weinfreund künftig seinen Wein selbst „vor Ort" ab oder der Winzer kommt zum Kunden und deckt dessen und seiner Freunde „Weinbedarf".
Diese Weinprobierstuben sind ihrer großen Zahl wegen und weil mittlerweile fast überall in den Weingütern vorhanden nicht gesondert aufgezählt.
Bei einer solchen Weinreise entlang des Rheines oder durch das Hügelland entdeckt man, was Joe Ludwig, einer der herausragenden und allerorts bekannten Mainzer Fassenachter („Mainz wie es singt und lacht") in seinem Lied „Unsern Woi is werklich gut" ausgedrückt hat:

Ach wie is doch moi Rhoihesseland so schee!
Überall in uns're Gasse
Wo du bleibst un' dunkst die Schnut,
Find'st du Leit, die zu dir passe
Un' du ziehst von selbst de Hut.

Nicht Anbau eines Klosters, sondern Kuhstall war einst das sehenswerte Kreuzgewölbe in GEILS GUTSSCHÄNKE IN EIMSHEIM (*Seite 50*), zu der diese Tür sich öffnet. Ein ländliches Büffet, herzhaft und reichlich, wird zum Wein gereicht, und wenn es draußen kalt ist, spendet ein offener Kamin behagliche Wärme.

Schinken in Brotteig, deftige Grundlage zu einer Vesper mit Wein, die nach überlieferter Überzeugung aller Rheinhessen „Leib und Seel' zusammenhält".

Alsheim

Hubertushof

Anschrift: 6526 Alsheim, Mainzer Straße 1
Telefon: 0 6249/41 00
Öffnungszeiten: täglich ab 17.00 Uhr, Sonn- und Feiertage ganztägig; Montag Ruhetag
Plätze: Hauptraum 80 Personen, Nebenraum 25 Personen, auch im Freien

Restaurant mit vielseitigem Speiseangebot; Wildspezialitäten.
Rustikale Ausstattung, „Jägerzimmer".
Im Sommer Gartenwirtschaft.
Übernachtungsmöglichkeit

Alzey

Hotel am Schloss

Anschrift: 6508 Alzey, Amtgasse 39
Telefon: 0 67 31/65 42
Öffnungszeiten: täglich 18.00–23.00 Uhr
Plätze: 40 Personen sowie im Freien

Rustikal ausgestattete Weinstube in einem unter Denkmalschutz stehenden Gebäude von 1720, gegenüber dem Alzeyer Schloß. Kleinere Gerichte. Im Sommer kann auch auf der Gartenterrasse Platz genommen werden.

Alzey

Hotel Krause

Anschrift: 6508 Alzey, Gartenstraße 2
Telefon: 0 67 31/61 81 oder 61 82
Öffnungszeiten: täglich 7.00–14.30 Uhr und 17.00–24.00 Uhr; Samstag Ruhetag; geschlossen 27. 12.–15. 1
Plätze: zwei Räume mit je 40 Plätzen, Wintergarten 40 Personen

Spezialitätenrestaurant mit kultivierter Atmosphäre, dessen Angebot von einfachen Tellergerichten bis zur feinsten Küche reicht (Flambiergerichte, Fische, Wild). Sämtliche Gerichte werden mit frischen Zutaten zubereitet.
Übernachtungsmöglichkeit

Alzey

Massa Hotel

Anschrift: 6508 Alzey, Industriegebiet (direkt an der Autobahnausfahrt „Alzey")
Telefon: 0 67 31/40 30
Öffnungszeiten: täglich von 6.00–24.00 Uhr
Plätze: Weinstube 36–60 Personen, Restaurant 100 Personen

Modern-rustikal ausgestattetes Restaurant mit gemütlicher Weinstube. Landesgerichte und internationale Speisen.

Alzey

Rebe

Anschrift: 6508 Alzey, Antoniterstraße 47
Telefon: 0 67 31/12 85
Öffnungszeiten: täglich 11.00–24.00 Uhr; Sonntag Ruhetag
Plätze: Hauptraum 55 Personen, Nebenraum 20 Personen

Weinhaus in rustikalem Stil (Steinquader, gewölbte Holzdecke) mit offenem Kamin.
Griechische Spezialitäten (auch vom Holzkohlegrill) gehen eine reizvolle Symbiose mit dem rheinhessischen Wein ein.
Übernachtungsmöglichkeit

Alzey

Zum Römer

Anschrift: 6508 Alzey, Roßmarkt 14
Telefon: 0 67 31/4 43 89
Öffnungszeiten: täglich 17.00–24.00 Uhr
Plätze: Erdgeschoß 35 Personen, Obergeschoß 30 Personen

Weinstube in einem 300 Jahre alten renovierten Fachwerkhaus. Die Innenräume sind mit Holz vertäfelt bzw. mit Fachwerk ausgestaltet, im Erdgeschoß befindet sich ein Kamin. Aussicht auf Brunnen und Fachwerkhäuser des Roßmarktes.
Rheinhessische Spezialitäten und nach der Jahreszeit wechselnde Gerichte.

Alzey

Zum Wein-Zinken

Anschrift: 6508 Alzey, Klosterstraße 9
Telefon: 0 67 31/88 71
Öffnungszeiten: täglich 17.00–24.00 Uhr; Donnerstag Ruhetag
Plätze: Gastraum 75 Personen, Nebenräume (Scheune und Gewölbekeller) 150 Personen

Altdeutsche Weinstube in einem unter Denkmalschutz stehenden Anwesen mit barockem Fachwerk (1717).
Offener Kachelkamin und Terrakotta Boden.
Weinbezogene regionale Spezialitäten wie Backeskartoffeln, Spundekäs, Saumagen, Lewerknepp, Schlachtplatt und Nackische.

Alzey-Weinheim

Poppenschenke

Anschrift: 6508 Alzey-Weinheim, Weinheimer Landstraße 173
Telefon: 0 67 31/4 36 22
Öffnungszeiten: Freitag, Samstag, Montag 18.00–24.00 Uhr, Sonn- und Feiertage 11.00–24.00 Uhr
Plätze: Hauptraum 50 Personen, Nebenraum 50 Personen

Schön gelegene Weinstube im altdeutschen Stil, an kleinem Teich und von Bäumen umstanden. Ehemalige kurpfälzische Mühle (1585 erwähnt), nach 1892 zum Weinlokal umgebaut. Der Name (ursprünglich „Poppenmühlenschenke“) ist von dem altdeutschen Männernamen Poppo abgeleitet, möglicherweise hieß der erste Besitzer so. Im Hof befindet sich ein Barock-Pavillon-Brunnen.
Zünftige rheinhessische Brotmahlzeiten.

Alzey-Weinheim

Gasthaus Porth

Anschrift: 6508 Alzey-Weinheim, Hauptstraße 35
Telefon: 0 67 31/4 13 18
Öffnungszeiten: täglich 10.00–24.00 Uhr; Dienstag Ruhetag; geschlossen 1. 8.–21. 8.
Plätze: 50 Personen

Rustikales Weinlokal mit ländlichen Gerichten und besonders reichhaltigem Weinangebot (über 60 Flaschenweine aus eigenem Anbau).

Bechtheim

Weingut Richard Beyer

Anschrift: 6521 Bechtheim, Pfandturmstraße 12
Telefon: 0 62 42/8 04
Öffnungszeiten: Freitag und Samstag ab 18.00 Uhr; für Gesellschaften nach Vereinbarung
Plätze: Hauptraum 40 Personen, Jagdzimmer 15 Personen, Halle 60 Personen

Gutsschänke, die zum Wein kleinere Speisen anbietet. Viermal im Jahr finden unter dem Motto „Kunst und Wein" wechselnde Ausstellungen statt.

Bechtheim

Gasthaus Dürkes

Anschrift: 6521 Bechtheim, Kuhpfortenstraße 16
Telefon: 0 62 42/23 95
Öffnungszeiten: täglich 9.00–14.00 Uhr und ab 17.00 Uhr, Samstag und Sonntag ab 9.00 Uhr; Donnerstag Ruhetag
Plätze: Hauptraum 30 Personen, Nebenraum 24 Personen

Urtümlicher Weingasthof mit historischen Dorfansichten und alten Trinksprüchen an Wänden und Deckenbalken.
Ländlich-bürgerliche Küche.
Übernachtungsmöglichkeit

Bechtheim

Zur Marktschänke

Anschrift: 6521 Bechtheim, Am Markt 20
Telefon: 0 62 42/15 38
Öffnungszeiten: Montag–Freitag ab 17.00 Uhr, Samstag, Sonn- und Feiertage ab 11.30 Uhr; Gesellschaften nach Absprache
Plätze: Hauptraum 40 Personen, Nebenraum 60 Personen

Solider Weingasthof mit bürgerlicher und rheinhessischer Küche.
Vom Wirt selbst erlegtes Wild wird an „Wild-Abenden“ zubereitet.
Übernachtungsmöglichkeit

Bechtheim

Im Rosengarten

Anschrift: 6521 Bechtheim, Im Atzelgarten
Telefon: 0 62 42/16 70
Öffnungszeiten: täglich ab 18.00 Uhr, Sonntag ab 16.00 Uhr; Montag Ruhetag
Plätze: 60 Personen, Terrasse 45 Personen

Gutsschänke in einem Aussiedlerhof, von deren großer Terrasse aus man über das Rheintal bis zum Odenwald schaut.
Ein Kachelofen und Keltergeräte prägen die Atmosphäre der Schänke.
Warme und kalte weingerechte Speisen.

Bechtheim

Zum Schwanen

Anschrift: 6521 Bechtheim, Saulgasse 1
Telefon: 0 62 42/14 51
Öffnungszeiten: täglich 11.00–24.00 Uhr; Montag Ruhetag
Plätze: Restaurant 50 Personen; drei Nebenzimmer mit 65, 40, 16 Plätzen; Terrasse im Innenhof 55 Personen

Gasthaus mit unverwechselbarer origineller Ausstattung. Atmosphäre aus Saloon, Jahrmarkt, Jagd- und Schiffsmuseum (Inhaber ist passionierter Sammler).
Gutbürgerliche Küche mit frisch zubereiteten Spezialitäten, auch regionalen Gerichten. Volksmund-Beiname: „Schnitzelranch“.

Bermersheim

Wein-Gewölbe

Anschrift: 6525 Bermersheim, Alzeyer Straße 2
Telefon: 0 62 44/52 42 und 2 36
Öffnungszeiten: Donnerstag–Sonntag ab 18.00 Uhr, Sonn- und Feiertage 11.30–13.00 Uhr
Plätze: Gastraum 65 Personen, Garten 50 Personen

Wein- und Speiselokal in einer alten Stallung mit einer von Sandsteinsäulen getragenen Gewölbedecke. Eingebautes Fachwerk, alte Futtertröge, Bilder und Grünpflanzen schaffen eine warme, gemütliche Atmosphäre.
Zu den Wonnegauer Weinen, unter denen insbesondere der Rotwein besondere Beachtung verdient, werden landestypische Gerichte gereicht (so zum Beispiel Sauerampfersuppe).
Bei schönem Wetter können die Gäste den parkähnlichen Garten nutzen. Auch ein Spielplatz für Kinder ist dort vorhanden.
Foto: Seite 71

Bingen

Hubers Weinstube

Anschrift: 6530 Bingen, Rathausstraße 28
Telefon: 0 67 21/1 32 24
Öffnungszeiten: täglich 16.00–24.00 Uhr; nur von November–Mai; Samstag Ruhetag
Plätze: 80 Personen

Renommierte Weinstube mit stilvoller Ausstattung, Jugendstil-Glaskuppel, alte geschnitzte Faßböden von 1830, Galerie ehemaliger Binger Bürgermeister.
Zum Wein passende kleinere Speisen.

Bingen

Gutsschänke Teshmar

Anschrift: 6530 Bingen, Marschallgasse 3
Telefon: 0 67 21/1 45 25
Öffnungszeiten: erste Septemberwoche und nach Vereinbarung für Gesellschaften
Plätze: 100 Personen

Gutschänke in historischem Holzfaßkeller. Wandgemälde mit Keller- und Landschaftsmotiven.
Kaltes Buffet und rustikale Winzerplatten auf Wunsch.

Bingen-Büdesheim

Weingut Bernhard Grünewald

Anschrift: 6530 Bingen-Büdesheim, Pfarrer-Michel-Straße 9
Telefon: 0 67 21/4 11 88
Öffnungszeiten: Anfang November–Anfang März: täglich ab 16.00 Uhr, Sonn- und Feiertage ab 15.00 Uhr; Montag Ruhetag
Plätze: 50 Personen

Straußwirtschaft in historischem Kreuzgewölberaum.
Weinmuseum, in dem eine fast komplett eingerichtete Küferwerkstatt neben sonstigen weinbaulichen Geräten zu sehen ist.
Wohlschmeckende Speisen aus der heimischen Winzerküche.

Bingen-Büdesheim

Weingut Hildegardishof

Anschrift: 6530 Bingen-Büdesheim, Ockenheimer Chaussee 12
Telefon: 0 67 21/4 56 72
Öffnungszeiten: Ostern–Allerheiligen, täglich ab 17.00 Uhr; Mittwoch Ruhetag; Gesellschaften nach Vereinbarung
Plätze: Gasträume mit 40, 55, 80, 200 Sitzplätzen, auch im Freien Sitzgelegenheit

Gutsausschank mit Platz auch für große Gesellschaften. Bei schönem Wetter stehen auch Sitzgelegenheiten im Hof zur Verfügung. Zum Wein werden nicht nur kleine Brotmahlzeiten, sondern auch große Schnitzel (die dem Hildegardishof den Beinamen „Schnitzelranch" eingebracht haben) gereicht.
Für Gruppen mit mehr als zehn Personen können – nach vorheriger Vereinbarung – Weinproben durchgeführt werden. Diese werden von dem Winzermeister Heinrich Grünewald geleitet, der als erfahrener Karnevalist rheinhessische Mentalität zu vermitteln weiß. Auf Wunsch kann zur musikalischen Unterhaltung oder zum Tanz ein Alleinunterhalter verpflichtet werden.
Foto: Seite 99

Bodenheim

Battenheimer Hof

Anschrift: 6501 Bodenheim, Rheinstraße 2
Telefon: 0 61 35/29 94
Öffnungszeiten: täglich 17.00–23.00 Uhr; Donnerstag Ruhetag
Plätze: 100 Personen, auch im Freien

Gutsschänke, modern-rustikal eingerichtet mit offenem Kamin. Der große Innenhof des Gutshofes wird im Sommer ebenfalls bewirtschaftet.
Größere und kleinere Gerichte, passend zum Wein und zur Region.

Bodenheim

WEINGUT HEINI KERN UND SOHN

Anschrift: 6501 Bodenheim, Langgasse 5
Telefon: 0 61 35/32 37
Öffnungszeiten: Mai, Juni/August, September: täglich ab 15.00 Uhr; Montag und Dienstag Ruhetage
Plätze: 40 Personen

Straußwirtschaft. Zu den Weinen werden deftige Speisen, wie hausgemachte Wurst, Handkäse, eingelegte Heringe mit Pellkartoffeln etc. gereicht.

Bodenheim

WEINSTUBE LORCH

Anschrift: 6501 Bodenheim, Enggasse 6
Telefon: 0 61 35/22 06
Öffnungszeiten: geöffnet nur nach Vereinbarung; kein Ruhetag
Plätze: Hauptraum 100 Personen, Terrasse 35 Personen

Zünftig eingerichtete Weinstube mit offenem Kamin.
Außer einem herzhaften Imbiß können zum Wein auch feine Menues bestellt werden.

Bodenheim

Zum Potsdamer Hof

Anschrift: 6501 Bodenheim, Berliner Straße 14
Telefon: 0 61 35/36 17
Öffnungszeiten: täglich 16.00–23.00 Uhr; Dienstag und Freitag Ruhetage
Plätze: Hauptraum 50 Personen, Nebenraum 25 Personen, Terrasse 25 Personen

Weinhaus mit bürgerlichen Gerichten.

Bodenheim

Zum Tiefen Keller

Anschrift: 6501 Bodenheim, Langgasse 19
Telefon: 0 61 35/20 51
Öffnungszeiten: Anfang Mai–Mitte September; Mittwoch–Freitag ab 17.00 Uhr, Samstag ab 16.00 Uhr, Sonntag ab 15.00 Uhr; Montag und Dienstag Ruhetage
Plätze: 40 Personen

Straußwirtschaft in altem Gewölbekeller mit Holzfässern. Im Sommer Sitzgelegenheit im Innenhof.
Kalte und warme Brotmahlzeiten, freitags eingelegte Heringe mit Pellkartoffeln.

Bodenheim

Uriger Weinkeller

Anschrift: 6501 Bodenheim, Langgasse 20
Telefon: 0 61 35/34 97
Öffnungszeiten: 1.5.–16.8., 18.9.–15.11; Montag Ruhetag
Plätze: Keller 30 Personen, Schankraum 30 Personen, Hof 70 Personen

Straußwirtschaft im alten Holzfaß-Gewölbekeller. Im Sommer Sitzgelegenheit im Innenhof.
Brotmahlzeiten zum Wein.

Bodenheim

Zur Vroni

Anschrift: 6501 Bodenheim, Steinstraße 5
Telefon: 0 61 35/31 64
Öffnungszeiten: täglich ab 16.00 Uhr; Mittwoch und Donnerstag Ruhetage
Plätze: Hauptraum 50 Personen, im Freien 80 Personen

Gutsausschank, in dem den Angaben der Wirtin zufolge ein rauher, aber herzlicher Ton herrscht. So legt die Wirtin Wert darauf, daß die Gäste sich zusammensetzen und nicht etwa an die einzelnen Tische verteilen.
Preisgünstige Weine und kleinere Speisen.
Übernachtungsmöglichkeit

Dittelsheim-Heßloch

Weinkastell

Anschrift: 6521 Dittelsheim-Heßloch, Auf dem Kloppberg (aus Richtung Gau-Odernheim und aus Richtung Framersheim jeweils nach Ortseinfahrt rechts ab)
Telefon: 0 62 44/74 85
Öffnungszeiten: April–Dezember; täglich 11.30–22.30 Uhr; Montag Ruhetag
Plätze: Restaurant 80 Plätze, Nebenzimmer 90 Plätze

Restaurant, auf den Grundmauern einer im 15. Jh. zerstörten Raubritterburg der Sickinger errichtet. Vorläufiges Domizil der „Weinbruderschaft Rheinhessen“. Auf einer von Gehölz und Pappeln bestandenen Anhöhe gelegen.
Urig-rustikale Atmosphäre, großer Kamin.
Exquisit-ländliche Küche mit vielen regionalen und internationalen Gerichten; Spezialität: Heidschnucken.

Eimsheim

Geils Gutsschänke

Anschrift: 6501 Eimsheim, Mittelstraße 12
Telefon: 0 62 49/23 80
Öffnungszeiten: nach Absprache für Gruppen ab 15 Personen
Plätze: 80 Personen

Gutsschänke in einem umgestalteten Kreuzgewölbe-Kuhstall aus dem Jahre 1862.
Ein rustikales Büffet, sowie – nach Absprache – warme und kalte Speisen stehen als Kost zum Wein zur Verfügung. Nach den Wünschen der Gäste zusammengestellte Weinproben werden fachkundig besprochen.
Ein offener Kamin trägt zur Behaglichkeit bei.
Foto: Seite 35

Ensheim

Zum Zeppelin

Anschrift: 6508 Ensheim, Gartenfeldstraße 17
Telefon: 0 67 32/81 85
Öffnungszeiten: täglich ab 17.00 Uhr; an Sonn- und Feiertagen ganztags geöffnet; Mittwoch Ruhetag
Plätze: 60 Personen

Weingasthof mit offenem Kamin, inmitten von Weinbergen gelegn. Bei klarem Wetter Ausblick bis hin zur Rheinhessischen Schweiz.
Ländlich-bürgerliche Spezialitäten.

Flörsheim

Fettermanns Weinstube

Anschrift: 6509 Ober-Flörsheim, Lehmgasse 2
Telefon: 0 67 35/3 67
Öffnungszeiten: Samstag ab 17.00 Uhr, Sonntag ganztägig; für Gesellschaften täglich mit Terminabsprache
Plätze: 60 Personen

Weinstube, rustikal ausgestattet.
Kleine kalte und warme Gerichte.

Flomborn

WEINGUT STAUFFER

Anschrift: 6509 Flomborn, Borngasse 24
Telefon: 0 67 35/2 98
Öffnungszeiten: zweites Wochenende im Juli ganztägig (Kerb), sonst Freitag–Montag 10.30–13.00 Uhr und ab 15.00 Uhr; Gesellschaften nach Vereinbarung
Plätze: Hauptraum 30, Nebenkellerraum 20 Personen

Straußwirtschaft in altem Kreuzgewölbe mit offenem Kamin. Rheinhessische Spezialitäten wie „Backeskartoffel" und „Dippehas", sowie auf einzelne Weine speziell abgestimmte Speisen (warme Gerichte nur auf Vorbestellung). Weinbesonderheiten, wie aus 50jährigen Reben geernteter Portugieser.

Fürfeld

ZUM HOF IBEN

Anschrift: 6551 Fürfeld, Hof Iben (zwischen Wonsheim und Fürfeld)
Telefon: 0 67 09/8 89
Öffnungszeiten: täglich von 11.00–24.00 Uhr; Mittwoch Ruhetag
Plätze: Hauptraum 50 Personen, Nebenraum 30 Personen, Gartenlokal 50–100 Personen

Sehr ruhig, in der waldreichen „Rheinhessischen Schweiz" gelegen. Rundwanderwege bieten Gelegenheit zu ausgedehnten Spaziergängen und Wanderungen. Die Hofkapelle zu Iben aus dem 11. Jh. ist der früheste gotische Bau in Rheinhessen.
Außer gutbürgerlicher Küche wird an jedem ersten Sonntag der Monate Oktober bis März von 10.00–14.00 Uhr „Brunch" angeboten.
Übernachtungsmöglichkeit

Nostalgie im Hof eines rheinhessischen Weingutes. Erst wenn das große Tor geöffnet ist lassen mancherlei verschachtelte Winkel, Nebengebäude und „Geräte von anno dazumal“ sich anschauen.

Die schönste Stunde eines Tages auch für den Winzer: Nach der Arbeit eines Tages in Wingert und Keller eine Flasche Rheinhessenwein verkosten – hier Vater und Sohn im traditionsreichen Kapellenhof im Selztal.

Gabsheim

WEINGUT MEITZLER

Anschrift: 6509 Gabsheim, Ulmenstraße 20
Telefon: 0 67 32/43 67
Öffnungszeiten: Freitag und Samstag ab 19.00 Uhr, Sonn- und Feiertage ab 17.00 Uhr
Plätze: 40 Personen

Gutsschänke mit Holzbalkendecke und Butzenscheiben. Kalte Speisen, u. a. Winzersteak, Weinbergschnecken, Backcamembert.

Gau-Algesheim

IM ALTEN KORNSPEICHER

Anschrift: 6535 Gau-Algesheim, Laurenziberg 32
Telefon: 0 67 25/26 66
Öffnungszeiten: Juni–August; Freitag, Samstag, Sonntag
Plätze: Hauptraum 60 Personen, Nebenraum 30 Personen

Straußwirtschaft in einem dreihundert Jahre alten, rustikal ausgestatteten, Getreidespeicher.
Ruhige, ländliche Umgebung.
Kleinere kalte und warme Speisen.

Gau-Algesheim

GUTSSCHÄNKE LANIUS

Anschrift: 6535 Gau-Algesheim, Flösserstraße 17
Telefon: 0 67 25/32 90
Öffnungszeiten: Mitte Januar–Mitte April jeweils Freitag, Samstag, Sonntag
Plätze: 87 Personen

Gemütliche Gutsschänke. Kleine Speisen zum Wein, Hausmacher Wurstspezialitäten.

Gau-Algesheim

GUTSSCHÄNKE PETER LICH

Anschrift: 6535 Gau-Algesheim, Laurenziberg 6
Telefon: 0 67 25/24 11
Öffnungszeiten: März–Mai und September–November, Samstag ab 18.00 Uhr, Sonntag ab 15.30 Uhr; Gesellschaften nach Vereinbarung
Plätze: Hauptraum 40 Personen, Nebenraum 18 Personen

Gutsschänke in einem früheren Kelterhaus. Die Räumlichkeiten gewinnen durch Gewölbe- bzw. Holzdecken, sowie durch bleiverglaste Fenster und Türen ihr charakteristisches Gepräge. Ein Kachelofen und alte Weinbau- und Ackergeräte tragen zur urtümlichen Atmosphäre der Gutsschänke bei.
Zum Wein werden kleinere kalte und warme Gerichte gereicht (so zum Beispiel Griebenschmalzbrot, panierter Camembert mit Preiselbeeren, oder etwa „Brotdipp'sche", eine Gulaschsuppe im Brotteig).
Foto: Seite 100

Gau-Bischofsheim

Weinstube Göth

Anschrift: 6501 Gau-Bichofsheim, Bahnhofstraße 35
Telefon: 0 61 35/28 47
Öffnungszeiten: nach Vereinbarung
Plätze: 50 Personen

Modern eingerichtete Weinstube.
Zum Wein „rustikales Bauernbuffet" (mit Hausmacher Wurst, eingelegten Heringen, Handkäse mit Musik, Pellkartoffeln etc.).
Auf Wunsch: Weinbergsrundgang oder -rundfahrten mit Imbiß im Freien.

Gau-Bischofsheim

Restaurant Weingut Nack

Anschrift: 6501 Gau-Bischofsheim, Pfarrstraße 13
Telefon: 0 61 35/23 27
Öffnungszeiten: täglich ab 18.00 Uhr (Küche bis 22.00 Uhr), Sonn- und Feiertage 12.00–14.00 Uhr und ab 18.00 Uhr (Küche bis 22.00 Uhr); Dienstag Ruhetag
Plätze: Blauer Saal 80 Personen, Weinkeller 40 Personen, Jagdzimmer 16 Personen, Sälchen 16 Personen, Stübchen 4 Personen, Prinzenzimmer 8 Personen, Rauchzimmer 4 Personen, Terrasse 40 Personen

Feinschmeckerrestaurant in einem unter Denkmalschutz stehenden Fachwerkhaus. Ein ehemaliger Mainzer Bürgermeister, Nikolaus Nack, erwarb das Anwesen 1828 als Sommerresidenz. Die mit alten Möbeln und Gemälden liebevoll und stilgerecht ausgestalteten Räume atmen den Geist der Vergangenheit des Hauses. Haute cuisine für Gourmets. „Rheinhessenmenue".
Foto: Seite 109

Gau-Odernheim

WEINSTUBE BOOS

Anschrift: 6509 Gau-Odernheim, Alzeyer Straße 23
Telefon: 0 67 33/62 76
Öffnungszeiten: Freitag und Samstag ab 18.00 Uhr, Sonntag ab 10.00 Uhr; ansonsten nach vorheriger Anmeldung
Plätze: 40 Personen

Weinstube, die aus einer früheren Straußwirtschaft hervorging.
Alter Holzfaßkeller.
Gerichte regionaler Küche.
Bauernschinkenteller mit Meerrettich, Schinken in Essig.

Guntersblum

SCHINDERHANNES WEINSTALL

Anschrift: 6524 Guntersblum, Hauptstraße 81
Telefon: 0 62 49/22 34
Öffnungszeiten: nach Fastnacht–Muttertag und ab Herbstbeginn–1. Advent: Freitag, Samstag, Sonntag 17.00–23.30 Uhr
Plätze: Hauptraum 40 Personen, zwei Nebenräume für geschlossene Gesellschaften mit 20 bzw. 30 Plätzen

Straußwirtschaft, die ihren Namen von dem Räuberhauptmann Schinderhannes herleitet, der auch in Guntersblum Unterschlupf gefunden haben soll. Über ihn kann der Gast aus zeitgenössischen Blättern mehr erfahren.
Auf der in rheinhessischer Mundart abgefaßten Speisekarte werden kleine kalte und warme Gerichte angeboten (unter anderem „Henkersmahlzeit“ und „Wildererteller“).
Ein offener Kamin schafft in einem scheunenartigen Raum urige Atmosphäre.

Guntersblum

STEIG-TERRASSE

Anschrift: 6524 Guntersblum, Kellerweg 3
Telefon: 0 62 49/16 32 oder 22 86
Öffnungszeiten: letztes Wochenende im April–erstes Wochenende im August, Samstags ab 17.00 Uhr, Sonn- und Feiertags ab 15.00 Uhr
Plätze: 40–50 Personen

Rustikal ausgestattete Straußwirtschaft mit schöner Terrasse. Unter den sehenswerten bäuerlichen Gebrauchsgegenständen befindet sich als Kuriosum eine Mausefalle von 1864.

Hackenheim

WEINMANNS WEINGASTHOF

Anschrift: 6551 Hackenheim, Bonnheimer Hof (Hackenheim Durchfahrtsstraße, an der Ampel links)
Telefon: 06 71/6 31 87
Öffnungszeiten: täglich ab 17.00 Uhr; Montag Ruhetag
Plätze: Hauptraum 70 Personen, Nebenraum 70 Personen, Hof 300 Personen

Weingasthof in dem letzten Gebäude der untergegangenen Siedlung „Bonnheim“ die im Jahre 1200 erstmals erwähnt wurde. Unter dem Motto „ländlich, zünftig und gemütlich“ bietet der Winzer zu seinem Wein kleinere Mahlzeiten.
Der Innenhof des Gutes wird von einer großen, – fast dreihundert Jahre alten –, Platane überwölbt und lädt zum Sitzen im Freien ein.

Hahnheim

Rheinhessen-Stuben

Anschrift: 6501 Hahnheim, Bahnhofstraße 3
Telefon: 0 67 31/12 71
Öffnungszeiten: täglich 12.00–15.00 Uhr und 17.00– 24.00 Uhr
Plätze: Restaurant 75 Personen, Kaminzimmer 45 Personen, Nudelstubb' 25 Personen, Garten 130 Personen

Spezialitätenrestaurant mit elegant-vornehmen und rustikalen Elementen. Bodenständige, reformierte Landesküche mit Produkten der Saison. Wild-, Fisch- und Spargelwochen, Gourmet- und Überraschungsmenüs.

Harxheim

Strausswirtschaft Böll

Anschrift: 6501 Harxheim, Neusiedlerhof (außerhalb in den Weinbergen)
Telefon: 0 61 38/12 87
Öffnungszeiten: vom 1.5.–6.9., Freitags ab 18.00 Uhr, Samstag ab 16.00 Uhr, an Sonn- und Feiertagen ab 15.00 Uhr
Plätze: Hauptraum 40 Personen, Nebenraum 80 Personen

Mitten in den Weinbergen gelegene Straußwirtschaft, hübsch dekoriert mit alten Gebrauchsgegenständen.
Kleine Brotmahlzeiten zum Wein.

Heidesheim

Landgasthaus – Hotel Mainzer Hof

Anschrift: 6501 Heidesheim, Binger Straße 41
Telefon: 0 61 32/52 89
Öffnungszeiten: Montag–Samstag 16.30–24.00 Uhr, Samstag und Sonntag 11.00–14.00 Uhr; Freitag Ruhetag
Plätze: Hauptraum 40 Personen, Nebenraum 20 Personen, Saal 80 Personen

Weingasthof mit bürgerlichen Gerichten, auch aus Rheinhessen. Verschiedene Spezialitäten, unter anderem auch Wild (Dibbehas). Übernachtungsmöglichkeit

Hohensülzen

Gutsschänke Ulmenhof

Anschrift: 6521 Hohen-Sülzen, Wormser Straße 57
Telefon: 0 62 43/86 44
Öffnungszeiten: Freitag und Samstag ab 18.00 Uhr, Sonntag ab 16.00 Uhr
Plätze: Hauptraum 36 Personen, Nebenraum 45 Personen

Gutsschänke mit behaglich, wohnlicher Atmosphäre, zwei offene Kamine sorgen für Gemütlichkeit.
Gegrilltes von Schwein, Rind und Lamm bieten zusammen mit Salaten eine herzhafte Ergänzung zum Wein. Tische sollten reserviert werden.

Ingelheim

Burg Horneck

Anschrift: 6507 Ingelheim, Hornstraße 10
Telefon: 0 61 32/23 79
Öffnungszeiten: täglich ab 15.00 Uhr, Sonntag ab 11.00 Uhr; Montag Ruhetag
Plätze: Hauptraum 56 Personen, Nebenraum 16 Personen

Weingasthof mit reichhaltigem Speiseangebot (90 verschiedene Gerichte).
Spargelzeit: Spargelspezialitäten.

Ingelheim

Zum Kuhstall

Anschrift: 6507 Ingelheim, Stiegelgasse 32
Telefon: 0 61 32/30 41
Öffnungszeiten: letztes Wochenende im April–zweites Wochenende im August, jeweils Freitag, Samstag, Sonn- und Feiertage 16.00–23.00 Uhr; letztes Wochenende im September – erstes Wochenende im Oktober
Plätze: Innenraum 55 Personen, Terrasse 60 Personen

Straußwirtschaft in einem alten Kuhstall mit Kreuzgewölbe. Hausmacher Wurst und Schinken aus eigener Schlachtung.
Auf Wunsch führt der Winzermeister auch Kellerbesichtigungen und Weinproben durch.
Übernachtungsmöglichkeit

Ingelheim

Seeterrasse

Anschrift: 6507 Ingelheim, Im Blumengarten 62
Telefon: 0 61 32/71 55
Öffnungszeiten: täglich 11.00–23.00 Uhr; Montag Ruhetag
Plätze: Hauptraum 90 Personen, Nebenraum 90 Personen, Terrasse 80 Personen

Weingasthof im Stadtpark von Ingelheim direkt am Ika-See. Wasserorgel mit tanzenden Fontänen.
Gutbürgerliche Küche mit Grillspezialitäten, saisonalen Gerichten, lebendfrischen Forellen. Samstag und Sonntag „Traumschiff-Büffet".

Ingelheim

Bergrestaurant Waldeck

Anschrift: 6507 Ingelheim, Am Bismarckturm (über Ober-Ingelheim Markt Abfahrt zum Bismarckturm)
Telefon: 0 67 25/43 13
Öffnungszeiten: täglich 11.30–22.00 Uhr; Dienstag Ruhetag; für Gesellschaften nach Vereinbarung
Plätze: Hauptraum 80 Personen, Nebenraum 50 Personen

Restaurant in Waldlage hoch über Ingelheim mit bürgerlicher deutscher Küche. Die Hauskarte bietet eine breite Palette von der einfachen Bauernvesper bis hin zum feinen Menü.
Vom Restaurant, und im Sommer auch von dessen Terrasse aus, Blick auf den Rhein und den Rheingau.
Für Kinder ist ein Spielplatz vorhanden. Sehenswürdigkeit: der Bismarckturm.

Köngernheim

Untermühle

Anschrift: 6501 Köngernheim, Außerhalb (von Richtung Mainz kommend am Ortseingang Köngernheim rechts ab, in Richtung Mainz fahrend durch Köngernheim, am Ortsausgang links ab: über einen Feldweg gelangt man zum von hohen Pappeln umstellten Anwesen).
Öffnungszeiten: Montag-Freitag ab 17.00 Uhr, Samstag ab 15.00 Uhr, Sonntag ab 11.00 Uhr; November–Dezember: Mittwoch–Freitag ab 18.00Uhr, Samstag ab 16.00 Uhr, Sonntag ab 11.00 Uhr
Plätze: zwei Räume für je 25 Personen, im Hof 80 Personen

Weinstube in der ehemaligen Scheune einer restaurierten, unter Denkmalschutz stehenden Selzmühle mit altem Fachwerk (Anfang 17. Jh.). Rustikale Ausstattung mit Kachelofen.
Kleine kalte und warme Speisen (Backeskartoffel, Saumagen, Raclette etc.). Auf Wunsch: „Essen wie in der Steinzeit"; das Fleisch wird serviert, der Gast bereitet es sich nach seinem Geschmack selbst auf dem heißen Stein.

Lörzweiler

Gutsausschank Brückmer

Anschrift: 6501 Lörzweiler, Raiffeisenstraße 10
Telefon: 0 61 38/62 43
Öffnungszeiten: 1.5.–31.8., täglich ab 16.00 Uhr
Plätze: Hauptraum 45 Personen, Nebenraum 20 Personen, im Freien 40 Personen

Schlicht ausgestattete Straußwirtschaft.
Zu den Weinen werden rustikale Brotmahlzeiten angeboten. Auch wer sein Essen selbst mitbringt, ist willkommen, Teller und Besteck werden zur Verfügung gestellt.

Mainz

Alt-Deutsche Weinstube

Anschrift: 6500 Mainz, Liebfrauenplatz 7
Telefon: 0 61 31/23 40 57
Öffnungszeiten: täglich 16.00–1.00 Uhr, Samstag ab 17.00 Uhr
Plätze: 80 Personen

Wohl älteste in Mainz noch vorhandene Weinstube (1777), neben dem Gutenbergmuseum.
Kaiser Joseph II. wohnte hier auf einer Reise zu seiner Schwester Marie-Antoinette.
Heute steht das Haus unter Denkmalschutz.
Zu den Weinen werden typische Mainzer Gerichte angeboten.

Mainz

Bacchus

Anschrift: 6500 Mainz, Jakobsbergstraße 7
Telefon: 0 61 31/22 42 29
Öffnungszeiten: April–September, täglich ab 16.00 Uhr; Oktober–März, täglich ab 18.30 Uhr; Sonntag Ruhetag
Plätze: Hauptraum 50 Personen, Nebenraum 35 Personen

Traditionsreiche Mainzer Weinstube mit typischen Mainzer Gerichten.
Gemütliches Altstadtlokal, in dem oft und ausgiebig musiziert wird.

Mainz

Drei Lilien

Anschrift: 6500 Mainz, Ballplatz 2
Telefon: 0 61 31/22 50 68
Öffnungszeiten: September–Mai 12.00–14.00 Uhr; ab 18.00 Uhr das ganze Jahr; Dienstag Ruhetag
Plätze: 40 Personen

Elegant eingerichtetes Feinschmeckerrestaurant im Zentrum von Mainz mit moderner französischer Küche.

Mainz

Drei Lilien Keller

Anschrift: 6500 Mainz, Ballplatz 2
Telefon: 0 61 31/22 50 68
Öffnungszeiten: täglich ab 18.00 Uhr; Dienstag Ruhetag
Plätze: ca. 40 Personen

Kellerlokal unter dem Restaurant Drei Lilien. Ausgestattet mit Gemälden, die den Eindruck erwecken aufs Meer hinauszublicken. Die Speisekarte bietet ein täglich wechselndes Angebot für Gourmets mit kleinem Appetit.

Geberts Weinstuben

Anschrift: 6500 Mainz, Frauenlobstraße 94
Telefon: 0 61 31/61 16 19
Öffnungszeiten: täglich 11.30–14.00 Uhr und 18.00–24.00 Uhr, Samstag Ruhetag, Sonntag 18.00–24.00 Uhr
Plätze: 48 Personen

Weinstube mit Spezialitätenküche (Fisch-, Spargel- und Wildspezialitätenwochen), großes Menüangebot für kleine Festlichkeiten. Gemütliche, gepflegte „Wohnstubenatmosphäre". Gediegene Einrichtung mit Gobelins und bleiverglasten „Butzenfenstern". Weinproben werden mit Heimatgedichten und Weingeschichten umrahmt.
Foto: Seite 110

Haus des Deutschen Weines

Anschrift: 6500 Mainz, Gutenbergplatz 3–5
Telefon: 0 61 31/22 86 76
Öffnungszeiten: täglich 12.00–24.00 Uhr; Sonn- und Feiertage geschlossen
Plätze: 150 Personen

Renommiertes Spezialitätenrestaurant im Zentrum von Mainz. Rustikal-elegante Einrichtung mit nostalgischen Anklängen. Moderne deutsche und französische Küche, Frischfisch-Spezialitäten, Lamm, Ente. Imbiß zum Schoppen (jedoch nicht zwischen 12.00–14.30 Uhr). Große Weinkarte mit Weinen aus allen deutschen Weinanbaugebieten.

Mainz

Weinstube Hottum

Anschrift: 6500 Mainz, Grebenstraße 3
Telefon: 0 61 31/22 33 70
Öffnungszeiten: täglich 16.00–24.00 Uhr
Plätze: Hauptraum 60 Personen, Nebenraum 25 Personen

Alteingesessene Mainzer Weinstube (schon 1791 erwähnt, seit 1919 in Familienbesitz).
Unter anderem typische Mainzer Spezialitäten wie Mainzer Handkäse mit Musik, Spundekäse etc. Die Weine kommen zum Teil in der „Mainzer Stange" zum Ausschank.

Mainz

Rheingrill im Hotel Hilton

Anschrift: 6500 Mainz, Rheinstraße 68
Telefon: 0 61 31/24 50
Öffnungszeiten: täglich 12.00–14.30 Uhr und 18.30–23.00 Uhr; Montag und Samstag mittag geschlossen
Plätze: 130 Personen

Gourmet-Restaurant mit luxuriöser Ausstattung, vornehm-elegant.
Nationale und internationale Delikatessen.
Übernachtungsmöglichkeit

Römische Weinstube im Hotel Hilton

Anschrift: 6500 Mainz, Rheinstraße 68
Telefon: 0 61 31/24 50
Öffnungszeiten: täglich 11.00–24.00 Uhr
Plätze: 170 Personen, Sommerterrasse 80 Personen

Weinstube, rustikal-elegant mit Rheinblick, auch von der Sommerterrasse. An die römische Vergangenheit von „Moguntia" erinnernde Dekoration: römische Repliquen, Wandreliefs, Amphoren etc.
Spezialität: reichhaltiges Mittags- und Abendbuffet mit marktfrischen Produkten. Sonntags Brunch.
Übernachtungsmöglichkeit

Weinhaus Schreiner

Anschrift: 6500 Mainz, Rheinstraße 38
Telefon: 0 61 31/22 57 20
Öffnungszeiten: täglich 16.00–24.00 Uhr, Samstag und Sonntag 10.00–14.00 Uhr und 16.30–24.00 Uhr; Montag Ruhetag; geschlossen 24.8.–21.9.
Plätze: Hauptraum 47 Personen, Nebenraum 33 Personen

Traditionsreiches Mainzer Weinhaus mit auch internationaler Stammkundschaft. Fachkundige Weinberatung auf Wunsch durch den Inhaber, einen Küfermeister (seit 1842 Küfereibetrieb). Wechselnde Tagesgerichte und Spezialitäten ergänzen die Speisekarte.

Mainz

Zum Spiegel

Anschrift: 6500 Mainz, Leichhofstraße 1
Telefon: 0 61 31/22 82 15
Öffnungszeiten: täglich 16.00–23.00 Uhr; Samstag, Sonn- und Feiertage sind Ruhetage
Plätze: 65 Personen

Traditionsreiches Mainzer Weinhaus in der Altstadt („ad speculum“, 1660 erbaut). Bürgerlich-gediegene Einrichtung.
Einfache, herzhafte Gerichte (z. B. „Määnzer Nackische“).

Mainz

Weisslilienkeller

Anschrift: 6500 Mainz, Weißliliengasse 5
Telefon: 0 61 31/23 14 30
Öffnungszeiten: Montag–Donnerstag 12.00–14.00 Uhr, Montag–Sonntag 17.00–24.00 Uhr
Plätze: Hauptraum 80 Personen, Nebenraum 20 Personen

Noch junges Mainzer Weinhaus.
Monatliche Spezialitätenwochen (badische, schweizer, pfälzer, elsässer, französische Woche etc.).

Anheimelnd ist die Atmosphäre unter der von Sandsteinsäulen getragenen Gewölbedecke, landestypisch sind die Gerichte, die zum Wonnegauer Wein serviert werden (darunter die früher verbreitete Sauerampfersuppe): Das WEIN-GEWÖLBE IN BERMERSHEIM (*Seite 44*) lädt ein. Im Sommer lockt der parkähnliche Garten.

Dalmatinische und deutsche Grillspezialitäten sowie eine große Salatbar sind charakteristisch für das RESTAURANT MARIJA IN WÖRRSTADT (*Seite 94*). Originelle Gemälde und Sammelstücke schmücken den Gastraum. Das idyllische Gartenrestaurant lädt in der warmen Jahreszeit zum Verweilen ein.

Mörstadt

Wonnegauer Hotel und Landgasthof

Anschrift: 6521 Mörstadt, Kriegsheimer Straße 17
Telefon: 0 62 47/10 51 oder 10 52
Öffnungszeiten: täglich ab 7.00 Uhr; Montag Ruhetag; geschlossen 16.1.–15.2.
Plätze: Hauptraum 85 Personen, Nebenraum 40 Personen

Neuerbauter rustikaler Landgasthof mit umfangreichem Speiseangebot, darunter auch typische Gerichte der Umgebung.
Übernachtungsmöglichkeit

Mommenheim

Zum Storchennest

Anschrift: 6501 Mommenheim, Wiesgartenstraße 3
Telefon: 0 61 38/12 33
Öffnungszeiten: täglich 7.30–13.30 Uhr und 17.00–24.00 Uhr; Samstag, Sonn- und Feiertage durchgehend geöffnet; Montag Ruhetag
Plätze: 150 Personen

Landgasthof, der seinen Namen nicht etwa von nistenden Störchen, sondern von der Mutter des heutigen Besitzers herleitet: sie war Hebamme und hatte sich im Haus ein Entbindungszimmer eingerichtet.
Elegant-rustikale Ausstattung mit alten Bauernmöbeln. Die Decke wird von Glasmalereien geziert, die die Wappen der deutschen Weinanbaugebiete darstellen; offener Kamin.
Reichhaltige Speise- und Getränkekarte (deftige Hausmannskost bis zu feinen Menüs).
Übernachtungsmöglichkeit

Nackenheim

Weingut Dr. Dietrich

Anschrift: 6506 Nackenheim, Weinbergstraße 50
Telefon: 0 61 35/22 79
Öffnungszeiten: 1.5.–30.9., täglich von 17.00–22.00 Uhr; Freitag Ruhetag
Plätze: 25 Personen, im Garten 75 Personen

Ältester Gutsausschank Rheinhessens (nach 1700 als Obermühle bekannt). In einem idyllischen Park mit uraltem Baumbestand und Weingarten gelegen. Bei schönem Wetter können die kalten Mahlzeiten auch im Park an Mühlsteintischen verzehrt werden.

Nackenheim

Winzerhaus

Anschrift: 6506 Nackenheim, Wormser Straße 7
Telefon: 0 61 35/24 57
Öffnungszeiten: täglich 11.00–14.00 Uhr und 17.00–24.00 Uhr; Montag Ruhetag
Plätze: Lokal 37 Personen, Nebenraum 23 Personen, Gewölbekeller 18 Personen, Saal 80 Personen, Terrasse 30 Personen

Speiserestaurant und Weinstube in einem ehemaligen Ritterhof, von dessen Wohnturm noch ein Mauerstück mit Schießscharten erhalten ist.
Gutbürgerliche Küche, auch mit Produkten aus eigener Schlachtung.

Neu-Bamberg

Zur Junkermühle

Anschrift: 6551 Neu-Bamberg, Junkermühle (zwischen Wöllstein und Neu-Bamberg)
Telefon: 0 67 03/10 37
Öffnungszeiten: 1.5.–1.11., täglich ab 17.00 Uhr, an Sonn- und Feiertagen durchgehend
Plätze: Gewölbe-Keller 80 Personen, Schankraum 15 Personen, im Freien 100 Personen

Gutsschänke in einer alten Mühle aus dem 16. Jh., idyllisch gelegen in der „Rheinhessischen Schweiz", mit Blick auf eine malerische Burgruine mit neugotischer Kapelle.
Hausmacher Platten aus eigener Schlachtung und andere deftige Gerichte – an Sonn- und Feiertagen auch warm – werden bei schönem Wetter im reizvollen Innenhof gereicht.
Spielgelegenheiten für Kinder.

Nieder-Olm

Weinstube Crass

Anschrift: 6501 Nieder-Olm, Pariser Straße 127
Telefon: 0 61 36/22 29
Öffnungszeiten: täglich 18.00–24.00 Uhr; Sonntag Ruhetag
Plätze: Hauptraum 80 Personen, Nebenraum 20 Personen

Im Stil eines alten Bauernhauses eingerichtete Weinstube, in deren Mitte ein stattlicher Kamin romantische Atmosphäre schafft.
Kleine kalte und warme Gerichte, besonders herzhaft: Spießbraten.

Nierstein

ZUM ALTEN VATER RHEIN

Anschrift: 6505 Nierstein, Große Fischergasse 4
Telefon: 0 61 33/56 28
Öffnungszeiten: täglich 11.30–14.00 Uhr und 17.30–21.00 Uhr, Freitag 17.30–21.00 Uhr; Sonntag Ruhetag
Plätze: Hauptraum 40 Personen, Nebenraum 30 Personen

Feinschmeckerweinstube mit saisonalen Spezialitäten (z. B. Spargel, Matjes, Wildgerichte), vorwiegend regionale Küche unter Verwendung frischer Zutaten.
Weinbezogene Atmosphäre.
Übernachtungsmöglichkeit

Nierstein

RHEINHOTEL

Anschrift: 6505 Nierstein, Mainzer Straße 16
Telefon: 0 61 33/51 61
Öffnungszeiten: täglich 7.00–22.00 Uhr; Mitte November–Mitte März Samstag und Sonntag geschlossen; Betriebsferien 10.12.–10.1.
Plätze: Restaurant 35 Personen, Nebenzimmer 10 Personen, Terrasse 60 Personen

Am Rhein gelegenes Restaurant mit schöner Aussicht auf den Strom vom Lokal und der von Bäumen überschatteten Rheinterrasse aus.
Landestypische und internationale Frischküsche, Fischspezialitäten; außerordentliche Weinkarte mit vielen Raritäten (etwa 300 Weine).
Übernachtungsmöglichkeit

Nierstein

Gutsschänke Im Oberdorf

Anschrift: 6505 Nierstein, Oberdorfstraße 28
Telefon: 0 61 33/5 85 41
Öffnungszeiten: täglich ab 18.00 Uhr, Sonntag ab 17.00 Uhr; Mittwoch Ruhetag
Plätze: drei Räume mit je 25 Plätzen, Garten für 70 Personen

Gutsschänke in den liebevoll gestalteten Räumen eines alten Gutshauses. Zwei Kachelöfen, einer davon aus Meisener Kacheln, sowie Meisener Kronleuchter, bilden einen reizvollen Kontrast zu der ansonsten bäuerlich-rustikalen Ausstattung. Besonders hübsch sind die kunstvollen, selbstgefertigten Trockensträuße und -kränze.
Kleine delikate Brotmahlzeiten ergänzen das Weinangebot. Besonders zu empfehlen ist das „Rheinhessische Fleischfondue", welches auf Vorbestellung zubereitet wird (dünne Fleischscheiben vom Rind und vom Schwein werden kurz in einer stark mit rheinhessischem Wein angereicherten Fleischbrühe gekocht).
Foto: Seite 90

Nierstein

St. Urbanshof

Anschrift: 6505 Nierstein, Neugasse 10
Telefon: 0 61 33/55 02
Öffnungszeiten: täglich von 12.00–22.00 Uhr; Montag Ruhetag; geschlossen im Januar und Februar
Plätze: 48 Personen

Alte Weinstube mit Fassadenglockenspiel, das täglich um 12.00, 15.00, 17.00 und 19.00 Uhr Volks- und Weinlieder der rheinhessischen Landschaft erklingen läßt.
Zwölf offene Weine werden zu hausgemachter Wurst und Käse gereicht, außerdem werden zwei „Weinkarusselle", bestehend aus je sechs Proben angeboten.
Für Kinder steht im ersten Stock des Gutshauses ein Spielzimmer zur Verfügung.

Nierstein

ULLRICHSHOF

Anschrift: 6505 Nierstein, Außerhalb (Ortsmitte Nierstein B 420 Richtung Wörrstadt, 2 km nach Ortsende rechts ab)
Telefon: 0 61 33/56 71
Öffnungszeiten: Samstag und Sonntag ab 16.00 Uhr, sowie nach Vereinbarung
Plätze: 95 Personen

Gutsschänke, inmitten von Weinbergen gelegen. Von der Panoramaterrasse lohnende Aussicht bis hin zum Taunus und Odenwald. Den Gastraum zieren zahlreiche alte Weinbaugeräte, ein offener Kamin schafft anheimelnde Atmosphäre.
Zur Spezialität des Hauses zählt der auf offenem Grill zubereitete Schwenkbraten.

Ober-Hilbersheim

IM ALTEN PFARRHAUS

Anschrift: 6531 Ober-Hilbersheim, Kirchgasse 10
Telefon: 0 67 28/2 56
Öffnungszeiten: Aschermittwoch–Weißer Sonntag, drittes Wochenende im Oktober–1. Advent: Freitag und Samstag ab 17.00 Uhr, Sonn- und Feiertage ab 15.00 Uhr; zweites Wochenende im Juli von Freitag–Montag
Plätze: Hauptraum 40 Personen, Gewölbekeller 40 Personen

Straußwirtschaft in einem ehemaligen alten Pfarrhaus, von dessen Vergangenheit nicht nur der Torbogen von 1740 zeugt.
Im Innern dekoriert mit weinbezogenen Gegenständen, auch eine Korkenziehersammlung ist zu bewundern.
Weinproben im Gewölbekeller.

Offenheim

Forsthaus Vorholz

Anschrift: 6509 Offenheim, Forsthaus Vorholz (aus Richtung Alzey kommend, 3 km von Offenheim im Wald)
Telefon: 0 67 36/2 26
Öffnungszeiten: täglich 11.00–23.00 Uhr; Montag Ruhetag
Plätze: Saal 160 Personen, Restaurant 50 Personen, Jagd- und Mittelzimmer 90 Personen, 300 Gartenplätze

Im Stadtwald „Vorholz“ gelegenes Restaurant mit Platz auch für größere Gesellschaften. Die Räumlichkeiten des ehemaligen Forstbetriebes sind mit holländischen Kacheln, Keramikgefäßen, sowie mit einem offenen Kamin ausgestattet.
Neben gutbürgerlichen Speisen werden – wie könnte es in einem Forsthaus anders sein – auch Wildspezialitäten angeboten.
Das Restaurant eignet sich gut als Ausgangspunkt bzw. als Ziel von Waldwanderungen. Dem Anwesen gegenüber befindet sich der „Napoleonstein“, ein dreieckiger Obelisk.
Übernachtungsmöglichkeit
Foto: Seite 129

Oppenheim

Kurpfalz

Anschrift: 6504 Oppenheim, Wormser Straße 2
Telefon: 0 61 33/22 91
Öffnungszeiten: täglich ab 16.30 Uhr; Gesellschaften nach Vereinbarung; geschlossen vom 10.12.–10.1.
Plätze: Historische Weinstube 25 Personen, Zunftstube 10 Personen, Landvogtzimmer 50 Personen, Casino-Saal 140 Personen, Weinprobierkeller 50 Personen

Historische Weinstube im ehemaligen Landvogthaus, inmitten der Altstadt gelegen.
Größte Rheinhessenweinkarte der Welt mit vielen Raritäten (etwa 300 Weine). Kalte und warme, auch landestypische Spezialitäten.
Übernachtungsmöglichkeit

Oppenheim

Oppenheimer Hof

Anschrift: 6504 Oppenheim, Friedrich-Ebert-Straße 84
Telefon: 0 61 33/24 95
Öffnungszeiten: täglich 12.00–14.00 Uhr und 17.30–22.00 Uhr; geschlossen 23.12.–4.1.
Plätze: Restaurant 40 Personen, sowie zwei weitere Räume mit 45 und 18 Plätzen

Gehobenes Restaurant mit internationaler und neuer deutscher Küche.
Übernachtungsmöglichkeit

Osthofen

Landgasthof Weinstube Schebel

Anschrift: 6522 Osthofen, Carlo-Mierendorff-Straße 35
Telefon: 0 62 42/72 14
Öffnungszeiten: 7.1.–30.6/1.8.–22.12., täglich ab 18.00 Uhr, Sonntag Ruhetag
Plätze: 40 Personen

Weingasthof mit ländlich-bürgerlichen Gerichten.
Übernachtungsmöglichkeit

Osthofen

ZUM WEISSEN ROSS

Anschrift: 6522 Osthofen, Friedrich-Ebert-Straße 50
Telefon: 0 62 42/20 19 oder 20 10
Öffnungszeiten: Mitte September–Ende Dezember jeden Samstag
Plätze: ein Raum 50 Personen, ein Raum 35 Personen

Die Gutsschänke „Zum Weißen Roß" diente zur Zeit derer von Thurn und Taxis als Poststation. Der Posthalter soll die Kutschen mit besonderer Vorliebe mit Schimmeln bespannt haben, daher der Name des Gutes.
Weine und Hausmacher Spezialitäten können bei offenem Kaminfeuer verkostet werden.
Übernachtungsmöglichkeit

Pfaffen-Schwabenheim

SCHLEIFMÜHLS WEINSTÜBERL

Anschrift: 6551 Pfaffen-Schwabenheim, Schleifmühle (an der Landstraße 413 zwischen Bad-Kreuznach/Bosenheim und Pfaffen-Schwabenheim, Bushaltestelle „Linie 21")
Telefon: 0 67 01/4 55
Öffnungszeiten: täglich ab 18.00 Uhr, an Sonn- und Feiertagen ab 16.00 Uhr; Dienstag Ruhetag
Plätze: 40 Personen

Am Appelbach gelegene Weinstube.
Brotmahlzeiten zum Wein.

Saulheim

La Maison De Marie

Anschrift: 6501 Saulheim, Weedengasse 8
Telefon: 0 67 32/33 31
Öffnungszeiten: Montag–Samstag 18.00–24.00 Uhr, Sonntag 11.00–14.00 Uhr und 18.00–24.00 Uhr; Dienstag Ruhetag
Plätze: Hauptraum 40 Personen, Nebenraum 25 Personen

Spezialitätenrestaurant in der renovierten Scheune eines Gutshauses aus dem 17. Jh. Erhaltenswertes aus der Vergangenheit ist mit modernem Mobiliar geschmackvoll kombiniert.
Wechselnde Ausstellungen rheinland-pfälzischer Künstler.
Französisch geprägte Frischküche mit wöchentlich wechselndem Angebot. Frische Fischspezialitäten.

Saulheim

Strausswirtschaft Landgraf

Anschrift: 6501 Saulheim, Wörrstadter Straße 11
Telefon: 0 67 32/51 25
Öffnungszeiten: Freitag und Samstag ab 17.00 Uhr, Sonn- und Feiertage ab 16.00 Uhr
Plätze: 40 Personen

Straußwirtschaft mit offenem Kamin. Landestypischer kalter und warmer Imbiß (z. B. eingelegte Heringe mit Pellkartoffeln, Griebeschmalz im Dippche).

Weingut Walldorf – Pfaffenhof

Anschrift: 6501 Saulheim, Mainzer Straße 48–50
Telefon: 0 67 32/50 55 oder 30 91
Öffnungszeiten: Anfang März–Ende Mai, Mitte September–Mitte Dezember: Freitag und Samstag ab 17.00 Uhr, Sonn- und Feiertage ab 16.00 Uhr
Plätze: 45 Personen

Stilvoller Gutsausschank mit zünftiger Hausmannkost und rheinhessischen Spezialitäten (wie etwa Quellkartoffel mit Matjes, Spundekäs', Handkäs', Spießbraten).
Nicht nur Weine aus eigenem Anbau, sondern auch eigener Sekt und Hefebrand aus eigenem Lesegut („Pfaffenschluck" genannt) können verkostet werden.
Sehenswert: der alte Gewölbekeller mit geschnitzten Holzfässern.
Foto: Seite 120

Zum Wingertsknorze

Anschrift: 6501 Saulheim, Kleine Ostergasse 6
Telefon: 0 67 32/81 02
Öffnungszeiten: Freitag, Samstag, Sonn- und Feiertage ab 17.00 Uhr, Sondertermine nach Vereinbarung
Plätze: 50 Personen, im Sommer auch im Freien

Gepflegte Weinstube mit weingerechtem Angebot von kalten und warmen Speisen.
Spezialität: Weinkraut mit Bratwurst und Handkäse mit Musik.

Siefersheim

Weingut Ekkehard Moebus und Sohn

Anschrift: 6551 Siefersheim, Wonsheimer Straße 13
Telefon: 0 67 03/6 65
Öffnungszeiten: 1.5.–30.8., nur Freitag, Samstag, Sonntag ab 17.00 Uhr
Plätze: 40 Personen

Die Straußwirtschaft befindet sich in einem von Stützpfeilern aus Sandstein getragenen Kreuzgewölbe von 1845.
Zu den Weinen werden kleinere Speisen, auch hausgemachte Wurst, angeboten.

St. Johann

Weingut Otto Beiser

Anschrift: 6551 St. Johann, Hindenburgstraße 32
Telefon: 0 67 01/4 30
Öffnungszeiten: Freitag und Samstag ab 18.00 Uhr, Sonn- und Feiertage ab 15.00 Uhr
Plätze: 65 Personen, auch im Freien

Gutsschänke in einem repräsentativen Gutsgebäude.
Weinbezogene, deftige Speisen,wie ofenfrisches Fladenbrot (Winzerfladen) mit luftgetrockneter Bratwurst, Griebenschmalz und Camembert.
Bei schönem Wetter gemütlicher Aufenthalt im ruhigen Innenhof möglich.

Stadecken-Elsheim

Weingut Petershof

Anschrift: 6501 Stadecken-Elsheim 1, Auf der Peterswiese 2
Telefon: 0 61 36/31 55
Öffnungszeiten: Freitag und Samstag ab 17.00 Uhr, Sonn- und Feiertage ab 16.00 Uhr
Plätze: 60–70 Personen

Straußwirtschaft mit offenem Kamin im Gastraum, alten Winzerwerkzeugen und Kelter aus dem 18. Jahrhundert.
Kleine weingerechte Speisen; Petershofplatte; Plugschlaaf (getrocknete Bratwurst mit Eiern überbacken).

Stadecken-Elsheim

Windshäuserhof

Anschrift: 6501 Stadecken-Elsheim, Windhäuserhof (1,5 km außerhalb von Elsheim)
Telefon: 0 61 30/2 22 oder 17 72
Öffnungszeiten: nur nach Vereinbarung
Plätze: Refektorium 100 Personen, Futterkammer 80 Personen, Blumenhalle 300 Personen

Weinstube in einem mächtigen, aus der Frankenzeit stammenden Gutshof.
Neun-schiffiges gotisches Backsteingewölbe. Blick auf den Taunus und die Weinberge des rheinhessischen Hügellandes. Parkanlage mit seltenen Bäumen. Nachbildung eines in Fishbourne/England wiederentdeckten römischen Gartens.
Internationale und einheimische Gerichte.

Stadecken-Elsheim

Wolfshof

Anschrift: 6501 Stadecken-Elsheim, Auf der Peterswiese 6
Telefon: 0 61 36/23 41
Öffnungszeiten: Anfang März–Ende Mai: Freitag und Samstag ab 18.00 Uhr, Sonntag und Feiertage ab 16.00 Uhr; Oktober: Montag, Donnerstag, Freitag, Samstag ab 16.00 Uhr
Plätze: 50 Personen

Straußwirtschaft in Aussiedlerhof. Freundliche, helle Einrichtung. Auf Wunsch Kellerführung.
Übernachtungsmöglichkeit

Tiefenthal

Strausswirtschaft Weyell

Anschrift: 6551 Tiefenthal, Münsterthalerstraße 1
Telefon: 0 67 09/4 12
Öffnungszeiten: April – November, täglich ab 17.00 Uhr, Sonn- und Feiertage ab 10.00 Uhr
Plätze: 50 Personen

Straußwirtschaft in einer alten, am Appelbach gelegenen Mühle. Bei schönem Wetter kann man unter fast hundert Jahre alten Bäumen (Magnolien und Gingo) sitzen.
Spezialität: Schlachtfest mit hausgemachten Knödel und Pfeffer.

Undenheim

Undenheimer Weinstube

Anschrift: 6509 Undenheim, Alzeyer Straße 15
Telefon: 0 67 37/3 09
Öffnungszeiten: Mittwoch–Freitag ab 18.00 Uhr, Samstag und Sonntag ab 17.00 Uhr; geschlossen über Weihnachten und Neujahr
Plätze: Hauptraum 40 Personen, Nebenraum 50 Personen, im Freien 40 Personen

Weinstube in den Räumen einer ehemaligen Bierbrauerei.
Zum Wein werden kalte und einfache warme Gerichte gereicht.

Vendersheim

Strausswirtschaft Beiser

Anschrift: 6551 Vendersheim, Außerhalb 1
Telefon: 0 67 32/87 32
Öffnungszeiten: April/Mai und August/September: Freitag und Samstag ab 18.00 Uhr, Sonn- und Feiertage ab 16.00 Uhr, sowie nach vorheriger Anmeldung
Plätze: Hauptraum 40 Personen, Nebenraum 80 Personen

Straußwirtschaft in einem Aussiedlerhof. Zünftig ausgestattete Innenräume mit alten Küferwerkzeugen und Weinbergsgeräten. Baumkelter und Steinkelter vom Ende des 19. Jahrhunderts.
Kleine kalte und warme Gerichte.
Spezialität: Schinkentasche mit grünem Salat.

Volxheim

Weingut Müller – Gilbert

Anschrift: 6551 Volxheim, Kreuznacher Straße 12
Telefon: 0 67 03/6 57
Öffnungszeiten: 15.5.–31.7. und 1.9.–30.9.: Freitag, Samstag, Sonntag und an Feiertagen
Plätze: 80 Personen, im Freien ebenfalls Sitzgelegenheiten

Straußwirtschaft, die zum Wein zünftige Kleinigkeiten anbietet. Sonntags auch selbstgebackener Kuchen.

Wachenheim

Weingut Giessen

Anschrift: 6521 Wachenheim, Wormser Straße 7
Telefon: 0 62 43/3 84
Öffnungszeiten: Mittwoch–Sonntag 17.00–23.00 Uhr, Samstag und Sonntag 11.00–23.00 Uhr; Montag und Dienstag Ruhetag
Plätze: Hauptraum 30 Personen, Nebenraum 50 Personen

Weingasthof mit Speisen für den kleinen und großen Hunger, auch hausgemachte Wurst.
Weinbergs- und Kellerführung auf Wunsch.

Gutbürgerliche Küche, ein allmonatliches Schlachtfest, eigene Konditorwaren am Wochenende (früher Bäckerei) und das jährliche Bachmenü (am Rande einer weitbekannten Konzertwoche) prägen neben Weinen eigener Erzeugung das **Restaurant Fritz in Wörrstadt** (*Seite 43*). Hier trifft man auch viele Einheimische.

In der größten deutschen Weinbaugemeinde am Rhein liegt die GUTSSCHÄNKE IM OBERDORF IN NIERSTEIN (*Seite 77*). In den liebevoll gestalteten Räumen eines alten Gutshauses, zu denen auch zwei schöne Kachelöfen gehören, fühlt sich der Gast bei Brotmahlzeiten und „Rheinhessischem Fleischfondue“ wohl.

Wendelsheim

Zum Mühlchen

Anschrift: 6509 Wendelsheim, Nacker Straße 2
Telefon: 0 67 34/3 50
Öffnungszeiten: täglich ab 17.00 Uhr; geschlossen Dienstag, Sonn- und Feiertage
Plätze: Hauptraum 50 Personen, Nebenraum 20 Personen

Gasthaus in ehemaliger Mühle.
Bürgerliche Küche und Hausmacher Wurst.
Sehenswürdigkeit: ehemaliger Quecksilberstollen.

Westhofen

Zur Linde

Anschrift: 6525 Westhofen, Osthofener Landstraße 8
Telefon: 0 62 44/6 79
Öffnungszeiten: Dienstag–Samstag ab 17.00 Uhr, Sonntag von 12.00–14.00 Uhr und von 18.00–24.00 Uhr; Montag Ruhetag
Plätze: Hauptraum 50 Personen, Nebenraum 35 Personen

Restaurant mit offenem Kamin. Von allen Tischen Blick auf den Garten des Hauses. Von April bis Oktober kann auch eine Gartenterrasse genutzt werden.
Besondere Menüabende mit Spezialitäten.

Wörrstadt

Zum Adler

Anschrift: 6501 Wörrstadt, Hermannstraße 21
Telefon: 0 67 32/72 42
Öffnungszeiten: täglich ab 17.00 Uhr, Sonntag ab 11.00 Uhr; Dienstag Ruhetag
Plätze: Gaststätte mit Nebenräumen 65 Plätze, Saal 90 Plätze

Weingasthof mit altem, 1426 erstmals erwähnten Backhaus (Besitz der Wild- und Rheingrafen).
Reichhaltige Speisekarte, Deftiges zum Wein und kalte Speisen, Menüs, Grillspezialitäten.

Wörrstadt

Zur Alten Schmiede

Anschrift: 6501 Wörrstadt, Pariser Straße 92
Telefon: 0 67 32/74 69
Öffnungszeiten: täglich 18.00–24.00 Uhr, Sonntag 11.30–22.00 Uhr; Montag Ruhetag
Plätze: Hauptraum 70 Personen, Nebenraum 50 Personen

Gemütliche Weinstube in einer ehemaligen Schmiede. Ein offener Kamin verbreitet behagliche Atmosphäre.
Rheinhessische Küche mit deftiger Hausmannskost.
Über den Hof des alten bäuerlichen Anwesens gelangt man zur „Konzertscheune“. In der warmen Jahreszeit gastieren hier regelmäßig bekannte Künstler.

Wörrstadt

Restaurant Fritz

Anschrift: 6501 Wörrstadt, Pariser Straße 54
Telefon: 0 67 32/35 53
Öffnungszeiten: täglich von 10.00–1.00 Uhr; Montag Ruhetag
Plätze: Hauptraum 30 Personen, Nebenraum 50 Personen

Restaurant mit gutbürgerlicher Küche. Zur alljährlich in Wörrstadt stattfindenden „Bachwoche", einer Reihe von Konzertveranstaltungen zu Ehren von J. S. Bach, wird ein „Bachmenue" nach historischen Rezepten zubereitet. Ganz frische „Schlachtplatten" gibt es zu dem einmal im Monat stattfindenden Schlachtfest. Daß das heutige Restaurant ehemals zunächst eine Bäckerei, sodann ein Café war, kommt dem Gast noch heute zugute: An Wochenenden können Konditoreiwaren aus eigener Herstellung gekostet werden.
Übernachtungsmöglichkeit
Foto: Seite 89

Wörrstadt

Weinhaus Rebstock

Anschrift: 6501 Wörrstadt, Pariser Straße 62
Telefon: 0 67 32/26 59
Öffnungszeiten: täglich 11.30–24.00 Uhr
Plätze: Hauptraum 70 Personen, Nebenraum 18 Personen

Weinlokal mit Restaurant, in dem neben deftiger Hausmannskost auch Wildspezialitäten angeboten werden.
Dezente Unterhaltungsmusik, zum Teil auch vom Wirt selbst auf der Hammondorgel dargeboten.
Napoleon und sein Gefolge sollen in diesem Gasthof auf der Reise zu ihrer Residenz in Mainz Station gemacht haben.
Übernachtungsmöglichkeit

Wörrstadt

Restaurant Marija

Anschrift: 6501 Wörrstadt, Pariser Straße 97

Telefon: 0 67 32/82 63

Öffnungszeiten: täglich 11.30–14.30 Uhr und 17.30–22.30 Uhr; Dienstag Ruhetag

Plätze: Hauptraum 55 Personen, Nebenraum 20 Personen und im Freien

Restaurant mit dalmatinischen und deutschen Grillspezialitäten. Die auf alten Rezepten basierenden Gerichte orientieren sich an der Neuen Deutschen Küche. Große Salatbar mit mehr als zehn, täglich frischen Salaten. Die Räumlichkeiten des Restaurants werden von Gemälden jugoslawischer, deutscher und kanadischer Künstler geschmückt. Auch die Ahnengalerie des Wirtes verdient Beachtung.
In der warmen Jahreszeit kann auch im Grill-Gartenrestaurant gespeist werden.
Foto: Seite 72

Worms

Bei Bacchus

Anschrift: 6520 Worms, Obermarkt 10

Telefon: 0 62 41/69 13 und 69 16

Öffnungszeiten: Montag–Freitag 12.00–15.00 Uhr und 18.00–24.00 Uhr, Samstag 18.00–24.00 Uhr; Sonntag Ruhetag

Plätze: Restaurant 68 Personen, drei Nebenräume mit insgesamt 100 Plätzen

Restaurant mit insbesondere französischen Spezialitäten und großer Weinkarte.
Übernachtungsmöglichkeit

Hotel Restaurant Kriemhilde

Anschrift: 6520 Worms, Hofgasse 2–4
Telefon: 0 62 41/62 78
Öffnungszeiten: täglich 10.00–23.00 Uhr, Samstag 10.00–14.00 Uhr
Plätze: Kaminraum 36 Personen, Lokal 25 Personen, Terrasse 45 Personen

Am Dom gelegenes Restaurant in altdeutschem Stil.
Bürgerliche Küche und Spezialitäten der Saison, wechselnde Mittagskarte. Offener Kamin.
Übernachtungsmöglichkeit

Rheinischer Hof, Rheincafé

Anschrift: 6520 Worms, Rheinpromenade
Telefon: 0 62 41/2 39 50
Öffnungszeiten: täglich 10.00–24.00 Uhr, Montag Ruhetag
Plätze: Restaurant 80 Personen, Nebenräume 20–100 Plätze, Saal 350 Plätze

Restaurant mit freundlichen, hellen Räumen. Schöner Blick auf den Rhein, auch von der Terrasse des Hauses aus.
Saisonale Küche, Wild-Spezialitäten, Spanferkel vom Grill, Spargelgerichten, freitags frischer Fisch.

Worms

Stolpereck

Anschrift: 6520 Worms, Hausmühlstraße 27
Telefon: 0 62 41/3 31 61
Öffnungszeiten: täglich 11.00–14.00 Uhr und 17.00–24.00 Uhr; Dienstag Ruhetag
Plätze: Gaststube 32 Personen, Kaminzimmer 50 Personen, drei Nebenräume mit insgesamt 100 Plätzen

Restaurant mit reichhaltigem Angebot an regionalen und Feinschmeckergerichten.
Liebevoll dekoriert mit alten Gebrauchsgegenständen aus dem bäuerlichen Alltag; Kaminzimmer.

Worms

Weinhaus Weis

Anschrift: 6520 Worms, Färbergasse 19
Telefon: 0 62 41/2 35 00
Öffnungszeiten: täglich 9.30–13.00 Uhr und 15.30–24.00 Uhr; Sonntag Ruhetag
Plätze: Hauptraum 80 Personen, Nebenraum 25 Personen

Weinhaus in der Wormser Innenstadt mit altem Gewölbekeller von 1709.
Zünftige Brotmahlzeiten zum Wein.
Übernachtungsmöglichkeit

Worms-Abenheim

Zum Klausenberg

Anschrift: 6520 Worms-Abenheim, Wonnegaustraße 68
Telefon: 0 62 42/46 33
Öffnungszeiten: Montag 17.00–1.00 Uhr, Dienstag–Sonntag 9.00–1.00 Uhr; Mittwoch Ruhetag
Plätze: Gastraum 50 Personen, Nebenraum 50 Personen

Speisegaststätte mit offenem Kamin und bürgerlich-gediegener, ländlicher Ausstattung.
Umfangreiche Speisekarte von der kalten Vesper bis zum Menü.

Worms-Rheindürkheim

Rôtisserie Dubs

Anschrift: 6520 Worms-Rheindürkheim, Kirchstraße 6
Telefon: 0 62 42/20 23
Öffnungszeiten: täglich 12.00–15.00 Uhr und 18.00–24.00 Uhr. Küche von 12.00–14.00 und 18.00–22.00 Uhr; Dienstag und Samstag mittag geschlossen
Plätze: 50 Personen

Gourmet-Restaurant mit elegant-anspruchsvollem Ambiente (Windsor-Stil).
Phantasievolle Feinschmeckerküche, selbst-kreierte Spezialitäten aus Rheinhessen und gehobene französische Küche.
Bankett möglich auf Schloß Herrnsheim.

Zornheim

Gutsschänke Becker

Anschrift: 6521 Zornheim, Hahnheimer Straße 30
Telefon: 0 61 36/4 47 90
Öffnungszeiten: Freitag ab 18.00 Uhr, Samstag und Sonntag ab 14.00 Uhr
Plätze: Hauptraum 40 Personen, Nebenraum 30 Personen

Gutsschänke im altdeutschen Stil mit offenem Kamin und Holzfachwerksausstattung.
Kleinere kalte und warme Speisen (Winzerteller, Spießbraten etc.).
Auf Wunsch Wanderung durch die Rebanlagen mit anschließender Weinprobe.

Das Weingut Hildegardishof in Bingen-Büdesheim (*Seite 45*) hat mancherlei zu bieten: Einen Gutsausschank auch für große Gesellschaften, beachtliche Schnitzel, launige Weinproben, geschnitzte Faßböden mit Persönlichkeiten unserer Zeit und einen originellen Winzer und Wirt.

Urtümlich mit alten Weinbau- und Ackergeräten ausgestattet – so präsentiert sich die GUTSSCHÄNKE LICH IN GAU-ALGESHEIM (*Seite 56*). Im früheren Kelterhaus kann man zum Wein „e Brotdippsche", panierten Camembert mit Preiselbeeren und ähnlich Ausgefallenes essen

Register der weingastronomischen Betriebe*

* Name des Lokals oder – wo ein solcher fehlt (z. B. Gutsschänken) – des Inhabers.

Wenn du zum Weine gehst . . .

Rasse, Frucht und Eleganz

Die rheinhessische Weinpalette*

Bacchus
(Silvaner x Riesling) x Müller-Thurgau.
Nach dem römischen Weingott benannt.
Die frühreife Rebe erbringt Weine mir höherem Mostgewicht als die traditionellen Sorten und von fruchtig-würziger Art. In geringen Jahren und bei hohem Ertrag aufdringlicher „Scheurebe-Ton", sonst dezentes Muskat-Bukett (manche meinen: schwach an Kümmel erinnernd). Reifen Weinen wird eine gewisse Riesling-Art nachgesagt.
Indessen scheiden sich beim Bacchus die Geister, nicht jeder kann ihm „rheinhessischen Charakter" (oder überhaupt einen) abgewinnen, andere mögen ihn. Sein Rebflächenanteil wächst jedoch, die Praxis schätzt die Rebsorte.

Dornfelder
Helfensteiner x Heroldrebe.
Für den Züchter, Landwirtschaftsrat Herold (Weinsberg), war es ein „dorniger Weg", daher der Name.

* Die wichtigsten in Rheinhessen angebauten Rebsorten in alphabetischer Reihenfolge mit speziell den Weintrinker interessierenden Angaben über Züchtung (in Klammer jeweils der amtliche Name, Synonyme oder sonst übliche Bezeichnungen), Namensherkunft und vor allem Weinart (in teilweise sehr persönlicher Wertung). Die prozentuale Aufteilung ergibt sich aus dem Rebsortenspiegel (Seite 115). Züchtungen der Landesanstalt für Rebenzüchtung in Alzey sind als solche gekennzeichnet. Die Traubensymbole zeigen an, ob es sich um Weißwein- oder Rotweintrauben handelt.

Hohes Mostgewicht und niedrige Säure bei sehr hohen Erträgen kennzeichnen diesen Wein. Er war ursprünglich nur als künftiger Ersatz für den ab 30. Juni 1989 verbotenen Zusatz von Deckrotwein aus anderen Ländern der EG zum farbstoffarmen Portugieser gedacht, wird auch als solcher verwendet, hat sich aber ebenso als selbständiger Wein entwickelt.
Es it eine neue Art Rotwein, an die man sich, wenn unverschnitten, erst gewöhnen muß („französische Art", von oft fast tintiger Rotfärbung). Dadurch wirkt er etwas fremdartig (Geschmackssache), der Großelternteil Limberger (siehe unter Heroldrebe) dominiert.

Ehrenfelser
Riesling x Silvaner.
Benannt nach der Burgruine Ehrenfels bei Rüdesheim im Rheingau.
In vielen Eigenschaften wird er dem Riesling gleichgestellt (wozu man allerdings oft etwas allzu eifrig neigt). Feine Säure und fruchtige Art sind kennzeichnend. Der Ehrenfelser ist früher reif, rascher entwickelt als sein „großer Vater" (alles für den Winzer wesentliche Faktoren), aber im Alter dann nicht mehr so nachhaltig.

Faberrebe
Weißburgunder x Müller-Thurgau.
(Alzeyer Züchtung; Scheu).
Den Namen der Rebsorte gab mittelbar der Versuchsansteller Karl Schmitt III. aus Wollmesheim in der Pfalz, wobei man in sehr freier Wortbenutzung seinen Namen in Schmied und diesen in das lateinische Gleichwort faber übertrug.
Vornehme, volle, fruchtige Weine mit traditionellem Geschmack und dezentem Muskat-Ton. Charakteristisch ist auch eine reife, rassige Säure.

Gewürztraminer („Roter Traminer"; ob dessen Spielart oder mit ihm identisch, ist umstritten).
Vermutlich nach dem Weinort Tramin in Südtirol benannt.
Schwere, alkoholreiche Weine, in Rheinhessen aber frischer als z. B. Gewürztraminer aus dem Elsaß. Bei hohem Mostgewicht würziges, intensives, an Rosen, Vanille oder Veilchen erinnerndes Bukett, das mit steigendem Ertrag abnimmt und auch standortbedingt ist. Die goldgelbe Farbe des Weines ist typisch.

Wegen der sehr geringen Erträge wird die Rebsorte wenig angebaut („degenerierter Hochadel"). Aber auch konservative Weintrinker, die „parfümierte Weine" ablehnen, schätzen ihn als Spezialität und feinste der Bukettsorten. Sowohl sein Wert als auch die Verträglichkeit (macht bald „satt") beschränken verständigen Genuß aber auch Verkostung.

Heroldrebe („Herold rot")
Portugieser x Limberger.
Benannt nach dem Züchter, Landwirtschaftsrat August Herold. Gerbstoffbetonte, leichte und neutrale Weine von hellroter Farbe. Gelegentlich tritt ein „Apotheken-Ton" auf.

Huxelrebe
Weißer Gutedel x Courtillier musqué.
Zu Ehren des Winzers Fritz Huxel aus Westhofen bei Worms benannt, der diese (sehr risikoreiche) Rebsorte am meisten förderte.
Sie erbringt reife, rassige Weine mit angenehmen, feinem Muskat-Bukett. Wenn die Rebe im Ertrag nicht überfordert wird, sind auch Prädikatsweine zu erwarten, darunter oft ausgezeichnete Ausleseweine. Dies gilt vor allem bei sog. „Jungfernfrüchtigkeit" (= Bildung samenloser Beeren).

Kanzler
Müller-Thurgau x Silvaner.
(Alzeyer Züchtung).
Der Name entstand zur Zeit der Wahl eines Bundeskanzlers und soll die gehobene Qualität anzeigen.
Neutrale, gehaltvolle Weine mit typischem Sortenbukett (an Nelken und Zimt erinnernd), feines Spiel. Spätlese- und Ausleseweine (mit „Rosen-Ton") sind häufig.

Kerner („Weißer Herold")
Trollinger x Riesling.
(Weißweinsorte mit rotem Elternteil!).
Der schwäbische Dichter (Arzt und Weinfreund) Justinus Kerner, der in Weinsberg (Ort der Züchtung) tätig war, gab den Namen.
Frische, rassige Weine mit leichtem abgerundet-ausgeglichenem

Muskatbukett, auf schweren Böden rieslingähnlich, sind kennzeichnend.
Außer in Rheinhessen ist die Rebsorte fast nur in Württemberg stärker verbreitet. Sie gilt als der „kleine Verwandte“ des Riesling, reift früher als dieser, ist risikoloser und bringt höhere Mostgewichte und Mengen hervor. Überwiegend wird der Kerner als „beste Neuzucht“ bezeichnet, ist freilich trotz guter Merkmale nur ein „Riesling-Ersatz“. Der Kerner wird sich nach Meinung der Fachleute in Rheinhessen behaupten.

Morio-Muskat

Silvaner x Weißer Burgunder.
Benannt nach dem Züchter der Rebsorte, Landwirtschaftsrat Peter Morio (Geilweilerhof/Pfalz), während der zweite Namensbestandteil auf die Geschmacksart (nicht auf den Muskateller!) hinweist.
Reife Weine von dieser Rebsorte sind elegant bis füllig, bisweilen im Geschmack an Muskatgewürz erinnernd oder traminerähnlich. Bei ungenügender Reife sowie auf leichten und steinigen Böden ist das Bukett aufdringlich („Lavendelton“) bei wenig Körper (was auch für den Rückgang des Anbaus mitursächlich ist). Als Verschnittwein für Silvaner und Müller-Thurgau ist der Morio-Muskat geeignet. Bei Weinkennern ist er nicht sonderlich gelitten.

Müller-Thurgau

Riesling x Silvaner.
(die genetische Abstammung ist neuerdings zweifelhaft, evtl. Selbstkreuzung von Riesling x Riesling; die Bezeichnung „Riesling x Silvaner“ ist jedenfalls weingesetzlich unzulässig).
Der Züchter, Professor Hermann Müller aus dem Kanton Thurgau (Schweiz) gab den Namen.
„Älteste Neuzüchtung“ (inzwischen fast eine Standardsorte) und zugleich die in Deutschland (und in Rheinhessen) meistangebaute. Sie hat in Rheinhessen den früher führenden Silvaner abgelöst (seit 10 Jahren aber Rückgang zugunsten jüngerer Bukettsorten um über 10 %, wenn auch nicht mehr als „Massenträger“ abgetan). Die „Ertragstreue“ (gleichbleibende Mengen) ist groß.
Die früh reifende Rebsorte erbringt frische, leichte, blumige Weine mit zartem, an Wiesenblumen erinnernden Muskat-Ton. Im Abgang sind sie bisweilen etwas kurz („Schoppenweine“), auf schwe-

ren Böden mit sehr sortentypischem Aroma und gelegentlich fremdartigem „Stachelbeer-Ton").
Wegen ihrer schwachen Säure ergibt diese Rebsorte auch in kleinen und mittleren Jahren ideale „trockene Weine", die nicht über drei Jahre alt werden sollten (als junger Wein ist der Müller-Thurgau besonders anregend, bei Lagerung verliert er mehr als andere Weine rasch an Frische).
Trotz mancher Kritik (vor allem durch „Riesling-Trinker") ist der Müller-Thurgau kein „Modewein" und in der Regel eine erfreuliche Erscheinung unter allzu aufdringlichen Neuzüchtungen. Er ist den „alten Sorten" am nächsten.

Optima
(Silvaner x Riesling) x Müller-Thurgau.
Der Name (lat.) besagt: „die Beste" (qualitativ).
Harmonische, gehaltvolle Weine mit duftigem Bukett, dem Riesling ähnlich, wenn auch ohne dessen Eleganz. Die noch im Auslesebereich markante Säure und der Botrytiston (von Edelfäule herrührend) sind typisch.

Ortega
Müller-Thurgau x Siegerrebe
(Alzeyer Züchtung).
Der spanische Philosoph José Ortega y Gasset, der sich auch mit weinkulturellen Fragen befaßte, gab den Namen.
Lagerfähige, milde Weine mit fruchtigem, feinem Pfirsich-Muskat-Bukett (ähnlich der Weine von der Siegerrebe), harmonisch und mit zart-würziger Blume und im Prädikatsbereich feinem Botrytiston. Bei niedrigen Mostgewichten kann ein gebietsfremdes Bukett auftreten.
Die Erträge schwanken, Wespen- und Vogelfraß ist häufig.

Perle („Mainriesling")
Gewürztraminer x Müller-Thurgau.
(Alzeyer Züchtung -Scheu-, in Würzburg weiterentwickelt).
Der Name soll das Besondere der (an sich anspruchslosen und wenig frostempfindlichen) Rebe andeuten.
Die Weine sind früh füllfertig, leicht, würzig-blumig, von nicht sehr hoher Qualität und gelegentlich fremdartigen Bukett. Die verhaltene Säure wird von manchen Verbrauchern geschätzt.

Portugieser („Blauer Portugieser")
Die Herkunft des Namens ist ungewiß, der Landesname Portugal hat aber damit nichts zu tun (die Rebsorte ist dort unbekannt).
Der Portugieser ist in Rheinhessen die vorherrschende, gebietstypische Rotweinrebe, hat geringe Bodenansprüche und gehört zu den frühreifenden Sorten. Er ergibt den „Rotwein für alle Tage". Er ist im allgemeinen (wenn ungedeckt) hellrot und hat wenig Bukett, Säure und Alkohol. Ein leichter, geschmacklich neutraler bis verhaltener „Schoppenwein", der rasch altert und sich fast immer im Qualitätsbereich bewegt. Nur in großen Jahren gibt es gelegentlich Spätlesen.
Trotzdem tut man dem Portugieser unrecht, wenn man ihn als „Massenträger" abqualifiziert. Gewiß kann er reiche Erträge bringen. In guten Jahren und wenn die Reben nicht „auf Ertrag geschnitten" wurde erbringt er aber auf traditionellen Rotweinböden (auch im inneren Rheinhessen, auf warmen Kalkböden) vorzügliche, selbständige Rotweine, die auf „kosmetischen Deckrotweinzusatz" (neuerdings z. B. des Dornfelders) eigentlich verzichten können und auch Rotweinkenner überraschen.
Bekannt ist auch der (in Mode gekommene) „Portugieser Weißherbst" (dabei wird die Maische sofort abgepreßt und der Saft wie bei der Weißweinbereitung vergoren, sog. „Hellkelterung": siehe Seite 137).

Regner
Luglienca bianca x Gamay früh.
(Alzeyer Züchtung; Scheu).
Benannt nach einer langjährigen Mitarbeiterin der Alzeyer Rebzuchtanstalt.
Milder bis frischer Wein mit leichtem Muskat-Ton, für Verschnitt geeignet.

Reichensteiner
Müller-Thurgau x
(Madeleine d'Angevine x Calabreser-Fröhlich).
Die Burg Reichenstein bei Trechtingshausen am Mittelrhein gab den Namen.
Süffige, neutrale, an Weißburgunder erinnernde Weine. Schwach im Bukett, aber gute Verschnittmöglichkeiten.

Das „liebe alte Haus“ entpuppt sich als Nobeltip im Mainzer Raum: Ein Feinschmeckerrestaurant im Fachwerkgebäude eines alten Weingutes, ehedem Sommerresidenz eines Mainzer Bürgermeisters. In stilvoller Umgebung läßt sich im „Weinkeller“ und diversen Stuben lukullisch speisen, RESTAURANT WEINGUT NACK IN GAU-BISCHOFSHEIM (*Seite 57*).

Aus dem inneren Rheinhessen stammt die Familie Gebert. Wo eine Bäckerei zur Weinstube gehörte, empfängt nun, ganz nahe am Rheinufer, wohnliche Behaglichkeit den Gast. Spezialitäten der Jahreszeit sind eine Besonderheit in GEBERTS WEINSTUBEN IN MAINZ (*Seite 67*). Exzellente Küche (der Juniorchef kocht selber).

Riesling („Weißer Riesling“)
Namensherkunft ungewiß (Deutungen sind u. a.: „Edles Reis“ oder „Röslein“ oder Hinweis auf die Neigung der Blüte zum Durchrieseln oder aus dem Wortstamm „rus“-dunkles Rebholz). 1498 erste urkundliche Erwähnung in Worms.
Die Rebe erbringt auf für sie geeigneten Böden und in sonnenreichen Lagen (also nicht überall: in Rheinhessen vor allem am Rhein zwischen Worms und Bodenheim, bei Bingen und in einigen Lagen des südwestlichen Hügellandes) Spitzengewächse mit idealem Verhältnis von Süße, feiner Frucht und Säure, elegant, nervig mit viel Spiel. Die Säure ist bei der Ernte sehr hoch, bei längerer Lagerzeit(!) verringert sie sich. Rieslingweine jung zu trinken ist kaum verantwortbar. Sie sind außerdem besonders lange haltbar und auch nach vielen Jahren noch beeindruckend.
Der Riesling ist trotz aller „Ersatzversuche“, die durch seine Schwächen bedingt sind (späte Reife, Witterungsempfindlichkeit u. a.), der „König der Weine“ der den Ruf deutscher Weißweine in der Welt begründet hat. Charakteristisch ist die grünliche Farbe des Weines.
„Riesling-Fans“ neigen allerdings auch in oft übertriebener Weise zur Geringschätzung aller sonstigen Rebsorten, die auf ihren besonderen Standorten gleichermaßen Gebietstypisches hervorbringen können wie der Riesling beispielsweise im Rheingau und an der Mosel.

Ruländer („Grauer Burgunder“, „Pinot gris“, „Tokajer„ – aber nicht der aus Ungarn –).
Nach dem Kaufmann (Apotheker?) Johann Seger Ruland aus Speyer benannt, der diese Rebe aus Burgund nach Deutschland gebracht und vermehrt habe.
Sehr alkohol- und extraktreiche Weine, in trockenen Jahren wegen zu geringer Säure plump, bei zu viel Süße gar pappig. Bei hohen Mostgewichten ist die Fülle und Saft eines Ruländers und sein unverkennbares, honigartiges Sortenbukett beeindruckend; es gibt kaum vollmundigere Weine. Auffällig ist auch die goldgelbe Farbe, die auf den ersten Blick oft fälschlich als Hinweis auf einen alten Wein angesehen wird.

Obschon es sich hauptsächlich um eine am Kaiserstuhl und im Markgräflerland beheimatete Rebe handelt, erbringt sie vereinzelt auch in Rheinhessen (wo sie eigentlich ein Fremdling ist) vorzügliche Qualitäten. Der Ruländer ist nichts für eilige Genießer, in größeren Mengen getrunken wird er auch „geübten Weintrinkern“ gefährlich.

Scheurebe (früher „S 88“)
Silvaner x Riesling.
(Alzeyer Züchtung). Nach ihrem Züchter benannt.
Bewährte, in fast jedem rheinhessischen Weingut anzutreffende Neuzüchtung, die „Nummer 3“ hierzulande, zugleich die bekannteste rheinhessische Neuzüchtung überhaupt. Sie war der „große Wurf“ von Georg Scheu.
Besonders auf Lößböden erbringt sie in guten Jahren und Lagen reife, rassige Weine von hoher Qualität und markanter Säure. Unverkennbar ist das typische Sortenbukett, das an schwarze Johannisbeeren erinnert. Bei Vollreife ist es dezent und rieslingähnlich, auf schweren Böden, in kleinen Lagen und Jahrgängen aber plump-aufdringlich („sticht“ geradezu in die Nase), im volkstümlichen Fachjargon entsprechend derb apostrophiert. Selbst bei hohen Restzuckerwerten (die diesem Wein gut anstehen, auch wenn man sonst trockene Weine bevorzugt) wird das Bukett nicht überdeckt. Auch die Verschnitteignung ergibt sich hieraus.
Bei später Lese werden überdurchschnittliche Prädikatsweine mit reifer Säure und harmonischem Bukett gewonnen, die sehr lagerfähig sind. Alte Scheurebe-Weine zeichnen sich durch Pfirsicharoma oder Rosenduft aus, selbst sachliche Probensprecher können sich dann diesem schwärmerischen Vokabular nicht entziehen, auch wenn konservative Weintrinker „die Nase rümpfen“.

Siegerrebe
Madelaine d’Angevine x Gewürztraminer.
(Alzeyer Züchtung; Scheu).
Die Rebsorte war unter den damals vorgestellten Sämlingweinen „der Sieger“, daher der Name.
Extraktreiche, würzige Weine mit gewürztraminerartigem Bukett, Ausleseweine sind eine gesuchte Spezialität.

Silvaner („Grüner Silvaner“; alte, nicht mehr erlaubte Schreibweise „Sylvaner“; In Rheinhessen früher als „Östreicher“ geläufig).
Der Name weist auf die Herkunft aus Transsylvanien (Siebenbürgen/Rumänien) hin, von wo die Rebsorte über Nieder-Österreich und Franken hierher kam.
Der Silvaner war einst die für Rheinhessen typische Rebsorte. Noch im Jahre 1950 waren 2/3 der Rebfläche mit ihr bestockt. Wegen ihrer Chloroseanfälligkeit wurde sie dann in Rheinhessen vom Müller-Thurgau auf „Platz 2“ verdrängt und ging in den Jahren 1976 bis 1986 zugunsten der „exotischeren“ Neuzüchtungen um über 10 % im Anbau zurück (wie allerdings auch die Müller-Thurgau-Rebe). Noch immer aber hat Rheinhessen die größte Silvaner-Anbaufläche der Welt.
Auf Grund einer Initiative der „Weinbruderschaft Rheinhessen“ und eines Marketing-Konzepts des Rheinhessenwein e. V. kam es zu einer „Renaissance des trockenen Silvaners“, durch die der alten, wertvollen Standardsorte wieder Anerkennung zuteil wurde, als Ergänzung zur Neuzucht-Sortenvielfalt, die trotz hoher Mostgewichte bisweilen als verwirrend und übersetzt empfunden wurde. Der gebietstypische, von einer Kommission geprüfte „RS“ (Rheinhessen-Silvaner) ist als Menüwein gedacht. Daneben gibt es den rustikal-einfachen Silvaner „für jede Gelegenheit“.
Die Silvanertraube reift 14 Tage früher als der Riesling. Sie erbringt geschmacksneutrale, vollmundige Weine ohne spezifisches Sortenbukett. Die Bodenart ist in guten Jahrgängen und guten Lagen besonders deutlich erkennbar. Hierin wird der Silvaner von keiner anderen Rebsorte übertroffen (Wein als „Erlebnis der Landschaft“). Denn diese Rebe saugt alle Aromastoffe aus der Erde (hier „erdiger Wein“). Wegen seines bisweilen breiten Geschmacks wurde der Silvaner einige Jahre lang als „langweilig“ empfunden. Als Wein, der keine „Sensationen“ verspricht, wurde er (etwas reuig) wiederentdeckt.
In guten Jahren bringt der Silvaner in guten Lagen auch sehr elegante bis überzeugende Spitzenweine mit viel Körper und Bukett. In kleinen Jahren und Lagen kann ein bitterer, breiter Bodenton auffallen.
Der Silvaner ist auch als Verschnittwein für den Riesling sehr geeignet, dessen härtere Säure sich mit der weichen Art des Silvaners gut verträgt.

Spätburgunder
(„Blauer Spätburgunder“; „Pinot noir“)
Der Name weist auf die späte Reife dieser Rebsorte und auf ihre Herkunft hin (vermutlich stammt sie aus der Gegend von Vienne im Rhône-Tal).
Diese klassische Rotweinrebe wurde in Rheinhessen ganz überwiegend um Ingelheim angebaut. Sie erbringt fruchtige, gehaltvolle Weine mit viel Körper, Alkohol, Kraft und Fülle, von warmer, weicher, samtiger und pikanter Art mit feiner Gerbsäure.
Junge Spätburgunderweine sind noch rauh, der Höhepunkt wird nach 8–10 Jahren erreicht. Der Weintrinker muß also Geduld mit der Reifung haben. Die Farbe ist rubinrot.
Die Qualität der einheimischen Spätburgunderweine kann derjenigen großer französischer Rotweine ebenbürtig sein, jedoch sind rheinhessische Spätburgunder weicher und nicht so „feurig“ wie französische Rotweine. Ihr Aroma erinnert (dezent) an Bittermandel und Brombeeren.
Spätburgunder sollten (wie Rotweine überhaupt) trocken ausgebaut werden. Wo man beim Weißwein den Geschmack des Weintrinkers nicht bevormunden sollte wäre ein Rotwein mit nicht entwicklungsbedingter Restsüße unerträglich.
Spätburgunderweine sind gesuchte Spezialitäten.

Weißburgunder
(„Weißer Burgunder“; „Pinot blanc“)
Wahrscheinlich vom Blauen Spätburgunder abstammend (Mutation), jedoch Weißwein.
Leichte, säurearme Weine mit zartem, rauchigem Sortenbukett. Auf geringen Böden aber wenig Körper und ausdruckslos. Sie sind nicht so blumig wie der Riesling, jedoch fein aromatisch, extrakt- und alkoholreich. Die Bodenart lassen sie nicht erkennen.

Würzer („Wartberger“)
Gewürztraminer x Müller-Thurgau.
(Alzeyer Züchtung; Scheu).
Von der würzigen Weinart ist der Name hergeleitet.
Das intensive, traminerähnliche Bukett tritt bei Vollreife des Weines zurück. Dieser ist von frischer, rassiger Art und ergibt gute Qualitäten.

Rebsortenspiegel*

Weißweinsorten

Müller - Thurgau	23,43 %
Silvaner	13,19 %
Scheurebe	9,31 %
Kerner	8,13 %
Bacchus	7,96 %
Faberrebe	6,86 %
Riesling	6,43 %
Morio-Muskat	3,77 %
Huxelrebe	3,77 %
Ortega	2,61 %
Optima	0,76 %
Reichensteiner	0,72 %
Siegerrebe	0,63 %
Perle	0,51 %
Ehrenfelser	0,47 %
Weißburgunder	0,46 %
Kanzler	0,25 %
Regner	0,18 %
Ruländer	0,10 %
Gewürztraminer	0,10 %
Würzer	0,02 %
Sonstige	4,12 %
Insgesamt	94,02 %

Rotweinsorten

Portugieser	3,30 %
Spätburgunder	1,20 %
Dornfelder	0,98 %
Heroldrebe	0,21 %
Sonstige	0,29 %
Insgesamt	5,98 %

* Stand: 1986

Gib acht auf den Jahrgang

Rheinhessische Weinchronik 1946–1986

1946
Mittlere bis befriedigende Weinerntemenge. Durch gesunde Säure stabile Weine, überdurchschnittliche Qualität, aber wenig Spitzengewächse.

1947
Ein extrem regenarmer, heißer Sommer und ein kalter Herbst waren kennzeichnend für diesen Jahrgang. Trotz geringer Säure gute Qualität, jedoch kaum Edelfäule, so daß Auslesen selten waren.
Die Militärregierung blockierte die Weine, bis auf 8 % Selbstversorgungsanteil mußten sie abgeliefert werden. Traubendiebstähle waren häufig.

1948
Gute bis sehr gute Qualität, auch Spitzengewächse über 100° Oechsle. Trotz relativ geringer Säure, die für den Jahrgang typisch war, ausgeglichene, blumige Weine.
Zur Verbesserung wurde kein Zucker freigegeben. Ganz überwiegend war aber eine Verbesserung auch nicht notwendig, die Weine konnten „natur belassen“ bleiben.

1949
Durch Winterfrost, Dürre und Reblausbefall bedingt nur halber Herbst (Menge).
Der sonnenreiche Jahrgang war durch hohe Alkoholgehalte und geringe Säure gekennzeichnet. Teilweise ausgezeichnete, elegante Qualitäten. Sehr reife, vollmundige Spitzenweine infolge hervorragender Edelfäule. An der Rheinfront lag das Spitzenmostgewicht bei 219° Oechsle.

1950
Ein im deutschen Weinland sehr „neidischer Herbst“ (d. h.: sehr unterschiedliche Qualitäten).
In Rheinhessen waren die Mostgewichte jedoch befriedigend. Harmonische Konsumweine bei guten Mengenerträgen. Viele Partien mußten verbessert und entsäuert werden.

1951
Späte Reife, während Frühfrost zu früher Traubenlese zwang. Daraus ergaben sich allgemein geringe Mostgewichte und überwiegend reintönige Konsumweine mittlerer Qualität mit rassiger, kräftiger Säure, aber nur vereinzelt Spitzenweine.
Die Erträge waren sehr schwankend.

1952
Ein Durchschnittsjahrgang. Geringere Erträge als 1951.
Trotz nassem Spätjahr recht gute Mostgewichte. Feine, nuancierte Weine, darunter viele Naturweine mit rassiger Säure. Insgesamt befriedigende bis gute Qualität.

1953
Durch teils große Frostschäden im Mai ein „neidischer Herbst" (von Gemarkung zu Gemarkung stark abweichende Erträge).
Jedoch den Durchschnitt weit übersteigende Mostgewichte (und dies bei den damals vorherrschenden traditionellen Sorten wie Riesling, Silvaner, Müller-Thurgau). Sehr reife, hervorragende Spitzenweine und wenig verbesserungsbedürftige Erzeugnisse. In vielen Weingütern war es der beste Jahrgang überhaupt.

1954
Starke Niederschläge, wenig Sonne und Frosteinwirkungen bestimmten den Jahrgangscharakter. Wo der Frost nicht Einbußen brachte, waren die Erträge gut bis groß (unter den hier aufgeführten Jahrgängen der mengenreichste).
Insgesamt ein guter Mitteljahrgang mit betonter Säure. Es konnten nur wenig Naturweine eingelagert sondern mußte viel verbessert und entsäuert werden.
Dieser Jahrgang bedingte den Rückgang des Silvaners, der hohe Mengen und geringe Qualitäten erbrachte.

1955
Spät- und Frühfröste, schlechte Blüte, Hagel und ungewöhnlich starker Peronosperabefall (besonders im Wonnegau) führten zu enttäuschenden Mengenergebnissen (teilweise wurde fast nichts geerntet). Viele Moste mußten verbessert werden.
Die Qualität war befriedigend bis gut, die Weine konnten als reintönig und rassig säurebetont eingestuft werden.

1956

Der Jahrgang war durch einen großen Kälteeinbruch an der Monatswende Januar/Februar gekennzeichnet (Temperatursturz von +16° bis −30°; der Rhein war zugefroren). Große Frostschäden führten dazu, daß meistens überhaupt nichts geerntet werden und allenfalls „gestoppelt“ werden konnte. Die Rebstöcke waren bis zur Frostgrenze erfroren.
Die meisten Moste mußten naßverbessert werden (Naßzuckerung, damals noch erlaubt), weil der zweite Austrieb keine normale Ausreife ermöglichte. Insgesamt ein kleiner Jahrgang.

1957

Wiederum starke Frostschäden (Maifrost). Überraschend war, daß die Südhänge am stärksten betroffen waren. Niedriger Ertrag (ein halber Herbst) ergab sich daraus.
Die Mostgewichte waren befriedigend, jedoch mußten die meisten Moste verbessert werden (wenig Naturweine).

1958

Mit diesem Jahrgang begannen wieder die „fetten Jahre“.
Der Mengenertrag war gut bis sehr gut, die Qualität des Jahrgangs aber nur mittelmäßig bis gut.
Wiederum waren die meisten Moste verbesserungsbedürftig, insgesamt aber waren sie harmonisch und haltbar.

1959

Ein heißes Jahr brachte in Menge und Güte einen echten „Jahrhundertwein“, der Ertrag war befriedigend.
Dem Wein fehlte aber die Säure, er war daher nicht lange haltbar. Ausgenommen hiervon waren Weine aus kleineren Lagen, die durch etwas mehr Säure stabiler blieben.

1960

Ein Mengenrekordjahr wie noch nie. Alle verfügbaren Behältnisse (darunter Schwimmbecken) mußten den Most aufnehmen, der darum auch „Überläufer“ getauft wurde. Es entstanden große Einlagerungsprobleme. Optimale Holzreife und reichlicher Fruchtansatz im Sonnenjahr 1959 hatten dieses Ergebnis bewirkt.
Vor allem die spätreifenden Sorten ergaben sehr harmonische Na-

Wieder in Mode gekommen: Backesgrummbeere, eine rheinhessische Delikatesse rustikaler Herkunft, wohlschmeckend zum Wein. Einst wurde sie im Dorfbackhaus zubereitet: Guten Appetit!

Wo der Ritter Hundt zuhause war lädt das WEINUGT WALLDORF - PAFFENHOF IN SAULHEIM (*Seite 83*) zu zünftiger Hausmannkost und rheinhessischen Schmausereien ein. Wenn man den alten Gewölbekeller mit geschnitzten Holzfässern erlebt hat, munden Speise und Wein im noblen Gutsausschank.

turweine (ein ausgesprochenes Rieslingjahr). Sonst mittelmäßige Qualität bei anregenden, frischen Weinen.

1961
Wieder ein „neidischer Herbst“ (mit unterschiedlichen Mengenerträgen) mit Weinen guter Qualität. Insgesamt ein mittlerer Jahrgang.

1962
Zufriedenstellende Erträge bei meistens guten Mostgewichten. Ausgeglichene Weine und einzelne große Spitzengewächse waren typisch für diesen Jahrgang.

1963
Ein nach Menge und Güte mittlerer Jahrgang, der vor allem sehr gute (auch naturreine) Silvanerweine hervorbrachte.

1964
Gute Qualitäten und hohe Erträge machten den Jahrgang zu einem in jeder Beziehung guten. Er brachte fast ausschließlich Weine, die weder verbessert noch entsäuert werden mußten und lange gelagert werden konnten. Mäßig waren allerdings die bezahlten Preise.

1965
Schlechte Reifebedingungen führten zu geringen Mostgewichten und sehr hoher Säure. Dies war der geringste Jahrgang der letzten Jahrzehnte.

1966
Gute Erträge und trotz mittlerer Mostgewichte sehr reife, extraktreiche Weine mit harmonischer Säure und damit gute Qualitäten.

1967
Große Regenfälle während der Traubenreife führten zu starker Fäulnis. Da der Zucker der Trauben ausgewaschen wurde, nahm das Mostgewicht nicht zu. Trotz Mengenverlusten durch Botrytis noch gute Erträge („Botrytisjahr“). Es konnten hochgradige Auslesen und Beerenauslesen gewonnen werden.
Rekorderträge beim Silvaner. Sonst ein mittlerer Jahrgang.

1968

Nasser Sommer, daher geringe Mostgewichte, mittlere Erträge. Der Silvaner war führend. Fast alle Moste mußten verbessert werden.

Erstmals wurden Traubenerntemaschinen nach dem „Staubsaugerprinzip“ eingesetzt.

1969

Zufriedenstellende Mengen und allgemein gute Mostgewichte.

Der Jahrgang war gekennzeichnet durch reintönige, stoffige, fruchtige Weine, auch wenn sie nicht natur belassen werden konnten.

1970

Nach 1960 wieder eine Rekordernte, die mangels ausreichendem Faßraum erneut zu Einlagerungsschwierigkeiten führte. Mit 2,432 Millionen Hektolitern und 138,3 hl je ha war es die größte Erntemenge, die bis dahin in Rheinhessen ermittelt wurde.

Die Weine waren harmonisch, leicht und süffig.

1971

Die Erntemenge lag unter dem Durchschnitt. Jedoch brachte ein außergewöhnlich günstiges „Weinklima“ ungewöhnlich hohe Oechslegrade (Mostgewichte), so bei Silvaner 90–95°, Ruländer und Gewürztraminer bis 120°, vereinzelt sogar Mostgewichte bis 200°.

Der Anteil von Spät- und Auslesen, ebenso von Beeren- und Trokkenbeerenauslesen war, durch Botrytisbefall bedingt, hoch (ca. 70 % Qualitätsweine mit Prädikat), die Säure bei frühen und späten Traubensorten verhältnismäßig gering. Außerordentlich gehaltvolle und vollmundige Weine.

Der 1971er wurde als „Jahrhundertwein“ gerühmt und „Sonnenkönig“ getauft. Es war der erste Jahrgang, die die amtliche Prüfungsnummer trug (Weingesetz 1971).

1972

Guter Mengenertrag bei ausreichender Weinqualität. Die sehr späte Lese brachte überwiegend kernige, rassige und säurebetonte Qualitätsweine (Q.b.A.) mit ausgeprägtem Sortencharakter. Es war ein „Jahrgang der Qualitätsweine“. Kabinettweine sowie Spätlesen und Auslesen gab es nur vereinzelt. Der 1972er war als „Zechwein“ sehr begehrt.

1973

Rekordernte mit extremen Hektarerträgen bei mittlerer bis guter Qualität. Reintönige, ausdrucksvolle harmonische Weine im Qualitäts-, aber auch im Prädikatsbereich, der Anteil der Kabinettweine war hingegen beachtlich. 1973 war ein „Eisweinjahr“, wobei die Eisweine Mostgewichte bis fast 300° Oechsle brachten.

1974

Ein Durchschnittsherbst in Menge und Güte. Die Erträge schwankten infolge starker Herbstregen in den einzelnen Weinanbaugebieten stark. Ausdrucksvolle Qualitätsweine (etwa 75 %) und unter den Prädikatsweinen hauptsächlich ansprechende, sehr sortentypische Kabinettweine.

1975

Normalernte bei hoher Fäulnis der Trauben. Extraktreicher Wein mit stark ausgeprägtem, typischen Jahrgangston (Botrytis), der bei der Kellerbehandlung große Schwierigkeiten bereitete. Ein Jahrgang harmonischer Kabinettweine. Etwa die Hälfte der Ernte ergab ausdrucksvolle Prädikatsweine, ihr Anteil lag unter dem Durchschnitt.

1976

Ein hervorragendes, außergewöhnliches Weinjahr in Ertrag und Qualität, sehr hohe Mostgewichte (ähnlich dem Jahrgang 1959, aber höhere Säurewerte, deshalb lagerfähiger). Frühe Blüte und ein idealer Witterungsverlauf brachten fast nur erlesene Prädikatsweine von großer Fülle, Reife und Eleganz, fruchtiger Säure und fast einmaligem Bukett.
Ein echter „Botrytisjahrgang“, dem berühmten 1921er vergleichbar, dessen Güte bis dahin kein anderer Jahrgang erreicht hatte.

1977

Zweitgrößte Erntemenge der Jahre 1971–1981. Besonders hohe Erträge beim Silvaner. Durchschnittliche Qualität (meist Qualitäts- und Kabinettweine) mit anregenden, sortentypischen Weinen. Frische, kernige Säure und ein Jahrgangston sind charakteristisch.

Ein Konsumwein-Jahrgang mit „Kneipweinen", auch als Sektgrundwein geeignet.

1978

Ein langer, trockener und sehr warmer Herbst ermöglichte eine außergewöhnlich späte Lese und brachte nach später Rebblüte und verregnetem, kühlen Sommer einen unerwarteten Reifenachschub. Durch unterschiedliche Erntemengen war es jedoch ein „neidischer Herbst". Insgesamt ein durchschnittlicher Jahrgang in Menge und Güte. Meistens Qualitätsweine „für den täglichen Weindurst", säurereich und frisch. Ein „Überraschungs-Jahrgang", trotz allem besser als sein Ruf.

1979

Infolge Frostschäden – vor allem bei Neuzüchtungen – meistens geringe Erträge, außer bei Riesling, Kerner und Ortega. Die Qualität war in der Regel überdurchschnittlich, weil ein „goldener Oktober" die Trauben noch zur Reife brachte. Ein „Riesling-Jahrgang" wie auch ein „Jahrgang der Kabinettweine" mit großen Schwankungen in der Erntemenge. Die Spitzenweine sind noch lagerfähig.

1980

Durch Rieselschäden (vor allem bei Neuzüchtungen) geringer Ertrag (höchstens 30 % der Normalernte), bei blüteempfindlichen Traubensorten (wie Gewürztraminer, Siegerrebe) sogar Totalausfall.
Meistens Qualitätsweine und Kabinettweine von frischer und fruchtiger Art, bukettbetont, mittlerer Qualität. Spät- und Auslesen waren selten. Der Müller-Thurgau enttäuschte erstmals im Ertrag. Ein „Riesling- und Silvaner-Jahr".

1981

Etwa 60 % einer normalen Ernte. Die nach gutem Blüteverlauf und rascher Traubenreife im Frühherbst hohen Erwartungen erfüllten sich nicht. Nach regenreichem und mühevollem Herbst wurden (außer bei frühen Sorten) Weine mittlerer Güte gewonnen, vor allem Qualitäts- und Kabinettweine. Sie sind kräftig, extraktreich und harmonisch, geprägt von reifer Säure. Ein Wein für (oder: gegen) den „Dorscht".

1982
Nach einem verregneten Frühjahr waren Mai und Juni von großer Hitze bestimmt. Mit 3,74 Millionen Hektoliter und 176,3 hl je ha wurde der 1960er Jahrgang weit übertroffen und die größte Weinernte aller Zeiten eingebracht. Die nicht abgesetzten Weine mußten 1983/84 destilliert werden.
Trotz dieses hohen Ertrages, der die Mostpreise bis auf 70 Pfennig je Liter sinken ließ, waren die Qualitäten noch gut. Qualitätswein b.A. und Kabinettwein herrschten vor (frische Kneipweine, bei Zechern beliebt), der Anteil an Spätlesen war gering.

1983
Günstige Witterungsverhältnisse bedingten wiederum eine sehr große Weinernte: 3,418 Millionen Hektoliter insgesamt und 157 hl je ha.
Die Qualität war überdurchschnittlich gut, vor allem bei spätreifenden Rebsorten und Neuzüchtungen. Auch entsprechende Süße, sehr lagerfähige Weine. Beim Most kam es zu Preiseinbrüchen bis zu 50 Pfennig je Liter.

1984
Ungünstiger Vegetationsverlauf erbrachte bei frühreifenden Traubensorten teilweise nur Tafelweinqualität. Die spätreifenden Sorten schnitten günstiger ab. Wenig Prädikatsweine, aber frische, rassige Qualitätsweine.
Die Erntemenge war gering.

1985
Große Hagel- und Frostschäden führten teilweise zu erheblichen Mengeneinbußen und damit wieder zu einem besonders „neidischen Herbst“. Das knappe Angebot führte andererseits zu guten Mostpreisen, wenn auch die Unterschiede zur Spätlesegruppe gering waren (eine Folge der Weinskandale).
Kein Spitzenjahrgang, aber nach Menge und auch Güte ein sehr lagerfähiger, zufriedenstellender Weinjahrgang.

1986
Durchschnittlicher Ertrag. Das aus den Vorjahren herrührende hohe Weinangebot (stagnierender Absatz) führte zu Preiszusam-

menbrüchen und einer deutlichen Verschlechterung der Winzer-Einkommen.
Die Weine waren nicht säurebetont. Ihre Qualität bewegte sich fast ausschließlich im Qualitätsweinbereich und lag unter der des Jahrgangs 1985.

Kurzübersicht

In den Jahren 1946–1986 waren demnach folgende Weinjahrgänge überdurchschnittlich:

Quantität (Menge):	1960, 1967, 1970, 1973, 1977, 1982, 1983
Qualität (Güte):	1949, 1953, 1959, 1964, 1971, 1975, 1976, 1979, 1985

Wein ohne Geheimnisse

Etikett und Weinkarte informieren*

Weinbau in der Familie seit 1956 ①

RHEINHESSEN ②

1985er ③

Hügelheimer Sonnenberg ④

Silvaner ⑤ ***Kabinett*** ⑥

trocken ⑦

Qualitätswein mit Prädikat

A.P.Nr. 4 251 027 008 86 ⑧

10,5 % vol ⑨ **Erzeugerabfüllung** ⑩ 0,7 l ⑪

Weingut Karl Müller, Hügelheim ⑫

* Zur „Einkehr beim Rheinhessenwein“ gehört die Auswahl des Weines. Der Wirt oder Winzer berät zwar. Aber man möchte auch selbst die Angaben auf der Weinkarte oder auf dem Etikett der Weinflasche verstehen, um zu wissen, was man bestellen sollte oder schon trinkt.
Am Beispiel eines Phantasie-Etiketts werden die wichtigsten Informationen weinrechtlich erläutert. Die Anordnung der Hinweise und Daten kann wechseln, besonders wenn eine Halsschleife hinzukommt. Für die Schriftgröße gibt es teilweise zwingende gesetzliche Vorschriften, die aber hier vernachlässigt sind.
Das Etikettenbeispiel ist auf den häufigsten Fall des Qualitätsweines (mit oder ohne Prädikat) beschränkt, da der Anteil der Tafelweine an der rheinhessischen Weinerzeugung gering ist.

① „Weinbau in der Familie seit 1856"
Dies sind „Angaben zur Geschichte des Weines" (wie das Weinrecht der EG es ausdrückt). Sie weisen auf die **Tradition eines Weinbaubetriebes** hin. Oft sind sie auch mit heraldischen Darstellungen (Wappen) verbunden. Es ist dem Winzer überlassen, ob er solche Angaben anbringt.

② „Rheinhessen"
Der **Name des „bestimmten Anbaugebietes"** (abgekürzt b.A.; insgesamt 11 Anbaugebiete gibt es in Deutschland) muß auf dem Etikett stehen.
Dieser Wein hier darf nur aus dem Anbaugebiet Rheinhessen stammen, also keinen Wein aus einem anderen deutschen Anbaugebiet oder gar ausländischen Wein enthalten.

③ „1985er"
Eine **Jahrgangsangabe** ist bei deutschem Wein allgemein üblich, aber nicht vorgeschrieben. Sie läßt Rückschlüsse auf die Art des Weines zu, wie sie nicht nur durch Herkunft und Rebsorte, sondern auch durch die Reifeentwicklung der Trauben im Erntejahr mitbestimmt wird (vgl. Seiten 116–126). Auch die Frage nach der Haltbarkeit läßt sich nach der Jahrgangsangabe beantworten.
Der Wein muß mindestens zu 85 % aus Trauben stammen, die in dem angegebenen Jahrgang gereift sind. Vor allem bei säurereichen Jahrgängen sind Verschnitte mit Wein anderer Jahrgänge üblich und dienlich. Mehrere Jahrgänge dürfen aber nicht auf dem Etikett oder auf der Weinkarte aufgeführt werden, nur eine einzige Jahrgangsangabe ist erlaubt.

④ „Hügelheimer Sonnenberg"
Hügelheim" ist die **Gemeinde** („Gemarkung"), „Sonnenberg" die **Lage** (der Teil des Gemeindegebietes), wo die Trauben mindestens zu 85 % gewachsen sind.
Auch eine solche Angabe ist bei Qualitätswein b.A. (s. unten zu ⑥) nicht gesetzlich vorgeschrieben. Sie ist aber ganz überwiegend auf dem Etikett oder der Weinkarte zu finden (anders z. B. bei Marken- oder „Rebsortenweinen", bei denen ein Verschnitt verschiedener Herkünfte eines Anbaugebietes unter dem Namen einer gebietstypischen Rebsorte angeboten wird). Nur bei Qualitätswein

Im Alzeyer Stadtwald liegt das FORSTHAUS VORHOLZ BEI OFFENHEIM (*Seite 79*). Gemütlich ausgestattet sind die Räumlichkeiten. Wildspezialitäten sind hier draußen selbstverständlich. Die Rast beim Wein nach Wanderungen durch die ausgedehnten Wälder ist erholsam.

Reben, soweit das Auge reicht, bis zum Horizont, den Kornfelder, ein wenig Wald oder der Himmel begrenzen. Ein „Weinparadies“, mit allen Sinnen zu entdecken.

mit Prädikat muß entweder ein Bereichs- oder ein Gemarkungs- und Lagename angegeben werden.
Die Namen der Weinlagen sind in der Weinbergsrolle eingetragen, andere dürfen nicht benutzt werden. Wird ein Lagename benutzt, dann muß auch der Gemeindename hinzugefügt werden. So wie ein Vorname ohne Familienname keine Aussagekraft hat, darf ein Lagename niemals allein auf dem Etikett stehen. Es gibt (kleinere) Einzellagen und (umfassendere) Großlagen (Karte und Verzeichnis in „Weinparadies Rheinhessen"). Für die Großlagen ist eine oder sind wahlweise mehrere sog. „Leitgemeinden" als Zusatz vorgeschrieben.
Möglich ist auch die Angabe des Bereichs, aus dem die Trauben zu mindestens 85 % stammen. Ein Bereich schließt mehrere angrenzende Großlagen ein, deren Weine gleichartige Geschmacksprägung haben. In Rheinhessen gibt es 3 Bereiche: Bingen, Nierstein, Wonnegau. Das Wort „Bereich" muß dem Bereichsnamen vorangestellt werden, damit der Weintrinker nicht irregeführt wird.

⑤ „Silvaner"

Für die **Rebsortenangabe** gilt dasselbe wie für die Angabe des Jahrgangs und der Herkunft: Mindestens 85 % des Weines müssen von der genannten Rebsorte stammen. Außerdem muß hier aber die Rebsorte den Gesamtcharakter bestimmen: sie muß für Auge, Nase und Geschmack bei der Sinnenprobe erkennbar sein.
Dem Winzer und Abüller ist es freigestellt, ob er eine Rebsorte angibt, falls diese Voraussetzungen vorliegen. Es dürfen höchstens 2 Rebsorten angegeben werden. Geschieht dies, dann muß der Wein allerdings vollständig aus diesen Rebsorten hergestellt sein. Diese sind nach ihrem Mengenanteil in absteigender Folge anzugeben (also z. B. „Riesling und Silvaner": hier überwiegt der Anteil des Riesling).

⑥ „Kabinett" · „Qualitätswein mit Prädikat"

Die Worte „Kabinett" und „Qualitätswein mit Prädikat" weisen auf **die Qualitätsstufe** hin. Diese muß zur Unterrichtung des Weintrinkers immer angegeben werden (durch die Worte „Qualitätswein b.A." oder „Qualitätswein" bzw. „Qualitätswein mit Prädikat"), ebenso ein zugeteiltes Prädikat.

Auch die rheinhessichen Weine sind in 3 Güteklassen (Weingruppen) eingeteilt:
- Deutscher Tafelwein (der den Landwein als einen gehobenen, landestypischen Tafelwein einschließt). Für Rheinhessen heißt das Tafelweingebiet „Rhein“ und der Landwein „Rheinischer Landwein“.
- Qualitätswein (b.A.).
- Qualitätswein mit Prädikat.

Mostgewicht (Alkoholgehalt) und spezielle Anforderungen an Herkunft, Reifezustand und Traubenlese sind entscheidend dafür, in welche dieser Gruppen ein Wein einzustufen ist. Bei Qualitätswein und Qualitätswein mit Prädikat (auf die sich das obige Etikettenbeispiel bezieht) erfolgt die Zuordnung durch die Prüfstelle für Wein im Rahmen der amtlichen Qualitätsprüfung (siehe unten zu ⑧).

Ein **Qualitätswein b.A.** muß in Rheinhessen bei Wein aus den verschiedenen Rebsorten folgende Mindstalkoholwerte aufweisen*:

	% vol Alkohol	entspr. °Oechsle
Rebsorten Morio-Muskat, Portugieser und Riesling	7,5	60
alle übrigen Rebsorten	7,8	62

(Der Begriff „Oechsle“ bezieht sich auf das spezifische Gewicht des Traubenmostes. Die „Oechslegrade“ werden mit einem von Christian Ferdinand Oechsle, Goldschmied und Inhaber einer mechanischen Werkstätte in Pforzheim [1774–1852] erfundenen Meßgerät [einer als Aräometerspindel konstruierten Mostwaage] festgestellt und waren früher die in Deutschland übliche Maßeinheit.)

Außerdem muß Qualitätswein aus geeigneten, in einer Liste erfaßten Rebsorten stammen, die Trauben müssen ausschließlich in Rheinhessen geerntet und der Wein muß in Aussehen, Geruch und Geschmack frei von Fehlern und für die angegebene Herkunft und Rebsorte typisch sein.

Bei **Qualitätswein mit Prädiakt** sind die Anforderungen noch strenger. Hier müssen die Trauben im selben Bereich (oben zu ④) geern-

* Ab Jahrgang 1988

tet sein, ausgenommen die Süßreserve (d.i. der zur Harmonisierung beschränkt zugesetzte unvergorene Traubenmost). Außerdem darf der Qualitätswein mit Prädikat nicht angereichert (gezuckert oder mit Traubenmostkonzentrat versetzt) sein (bei den beiden anderen Weingruppen ist dies in schlechten Jahrgängen eng begrenzt erlaubt). Es handelt sich um Weine, die unter altem Weinrecht als „natur" bezeichnet werden durften (die Angabe ist nicht mehr erlaubt).

Die „Ausgangsstufe" der Qualitätsweine mit Prädikat sind Weine mit der Bezeichnung **Kabinett**. Hier werden an das Lesegut keine zusätzlichen Anforderungen gestellt. Anders jedoch bei den weiteren Prädikatsstufen, nämlich:

Spätlese: Die Trauben müssen in einer späten Lese (Beginn und Ende werden amtlich festgesetzt) und in vollreifem Zustand geerntet sein.

Auslese: Es dürfen nur vollreife Trauben unter Aussonderung aller kranken und unreifen Beeren verwendet werden (also kein Einsatz von Traubenvollerntern).

Beerenauslese: Nur edelfaule oder wenigstens überreife Beeren sind als Lesegut zugelassen.

Trockenbeerenauslese: Grundsätzlich sind ausschließlich weitgehend eingeschrumpfte edelfaule Beeren verwendbar.

Eiswein: Die Trauben müssen bei Lese und Kelterung gefroren sein (um −5° Celsius).

Die Mindestalkoholgehalte sind für Qualitätsweine mit Prädikat in Rheinhessen wie folgt abgestuft:

	% Vol. Alkohol	entspr. °Oechsle
Kabinett		
Rebsorten Riesling, Müller-Thurgau und Silvaner	9,5	73
alle übrigen Rebsorten	10,0	76
Spätlese		
alle Weißweinsorten außer Ruländer und Traminer	11,4	85
Rebsorten Ruländer, Traminer und alle Rotweinsorten	12,0	90

	% Vol. Alkohol	entspr. °Oechsle
Auslese		
Rebsorte Riesling	12,5	92
alle übrigen Weiweinworten	13,0	95
alle Rotweine	13,8	100
Beerenauslese		
alle Rebsorten	16,5	120
Trockenbeerenauslese		
alle Rebsorten	21,5	150
Eiswein		
alle Rebsorten	16,5	120

⑦ „trocken“

Diese Angabe unterrichtet den Weintrinker über den zu erwartenden allgemeinen Geschmackseindruck. Solche **Geschmacksangaben** sind freigestellt. Man kann aber davon ausgehen, daß ein Wein, der nicht den Hinweis „trocken“ trägt, auch nicht trocken ist.

Jedoch sind nur ganz bestimmte Begriffe zugelassen. Sie unterscheiden sich nach dem Gehalt an Restzucker (natürlich verbliebenem, unvergorenem Zucker oder von zugesetztem unvergorenem Traubenmost herrührend) und Säure und deren Verhältnis zueinander. Denn nicht die absoluten Zahlen, sondern die Abstimmung von Restzucker und Weinsäure ist für den Geschmackseindruck maßgeblich.

Trocken: Höchstens 4 g/l Restzucker („klassisch trocken“) oder höchstens 9 g/l Restzucker, wenn die Weinsäure höchstens 2 g/l niedriger ist als der Restzuckergehalt (z. B.: bei 8 g/l Restzucker darf der Säuregehalt 6 g/l nicht unterschreiten, sonst ist der Wein nicht mehr „trocken“). Trockener Wein muß nicht auch ein **„Wein geeignet für Diabetiker“** sein. Diese Angabe erfordert, daß der Wein höchstens 4 g/l Restzucker, 40 mg/l freie und 150 mg/l gesamte schweflige Säure und 120 % vol Alkohol enthält. Auf dem Rückenetikett müssen dabei die Analysenwerte für Restzucker, Alkohol, Brennwert des Alkohols und Gesamtbrennwert mitgeteilt werden.

Halbtrocken: Über 9 und 12 g/l Restzucker oder höchstens 18 g/l Restzucker, wenn die Weinsäure höchstens 10 g/l niedriger ist als der Restzuckergehalt.
Lieblich: Der Restzuckergehalt muß über 18 g/l liegen und darf höchstens 45 g/l betragen.
Süß: Mindestens 45 g/l Restzucker.
(Die Angaben „lieblich" und „süß" haben bei deutschem Weine als Geschmacksangaben auf dem Etikett keine praktische Bedeutung und tauchen allenfalls in allgemeiner Beschreibung auf der Weinkarte auf.)
Analytische Werte des Restzuckers sind auch bei anderen als „Diabetiker-Weinen" ab 1. 4. 1988 auf dem Etikett zulässig und auf Weinkarten schon bisher anzutreffen. Sie beziehen sich dort außerdem auch auf Alkohol (siehe auch unten zu ⑨) und Säure als die wichtigsten Informationen.
Auf Weinkarten (und Weinpreislisten) finden sich auch den Wein **beschreibende Angaben**, die in allgemeinerer Form den Geschmack und die Güte betreffen. Beispiele: Würzig, duftig, feinherb, harmonisch, vollmundig, feine Art, vornehm, elegant, ausdrucksvoll, hochedel, fruchtig, spritzig, rassig usw.). Diese Worte sind teils dem Fachjargon entliehen, teils in freier, phantasievoller Schöpfung entstanden. Auf dem Etikett sind sie nicht erlaubt.

⑧ „A.P.Nr. 4 251 027 008 86"

Die **Amtliche Prüfungsnummer** (abgekürzt: A.P.Nr.) wird von der Qualitätsprüfbehörde einem Wein, der den gesetzlichen Anforderungen für die beantragte Qualitätsgruppe (dem Prädikat) entspricht, zugeteilt und muß stets angegeben werden. Erst dann darf ein Qualitätswein in den Verkehr gebracht werden.
Die Prüfnummer ermöglicht die Kontrolle des Weines, die Feststellung seiner Identität. Sie ist der „Paß" des Qualitätsweines.
Die amtliche Prüfungsnummer setzt sich im Beispielsfalle aus folgenden Ziffern zusammen:

4	=	Kennziffer der Prüfstelle (hier: Landwirtschaftskammer Rheinland-Pfalz, Weinbauamt Alzey, zuständig für das Anbaugebiet Rheinhessen)
251	=	Ort (Firmensitz) des Abfüllers
027	=	Kennziffer des Abfüllbetriebs (unveränderlich)
008	=	Antragsnummer (Partie) des Betriebs
86	=	Endziffern des Kalenderjahres der Antragstellung.

⑨ „10,5 % vol“

Dies ist die Angabe des **Alkoholgehaltes** in Volumenprozent. Sie ist ab 1. 5. 1988 auf dem Etikett der Weinflasche vorgeschrieben.

⑩ „Erzeugerabfüllung“

Diese Angabe bedeutet, daß derjenige, der den Wein erzeugt hat (also der Winzer), ihn auch **abgefüllt** hat. Er muß die Trauben selbst geerntet, zu Wein verarbeitet und dann abgefüllt haben („alles in einer Hand“). Dies ist hier das Weingut Müller (unten zu ⑫).
Die an sich völlig wertneutrale Angabe hat sich in der Vorstellung des Verbrauchers zu einer Art Garantie für unverfälschten Wein entwickelt, ist darum aber leider auch oft ausgedehnt worden.
Auch wenn nicht der Winzer, sondern z. B. eine Weinkellerei den Wein abgefüllt hat, muß der Abfüller als verantwortliche Person angegeben werden, evtl. neben dem Erzeuger. Die Abfüllerangabe darf aber verschlüsselt (durch Kennziffer) erfolgen, falls ein anderer an der Vermarktung Beteiligter auf dem Etikett steht. Dabei ist die Abkürzung der Landesbezeichnung (in Rheinhessen: RP = Rheinland-Pfalz) der Zahl voranzustellen.

⑪ „0,7 l“

Die **Mengenangabe** (sog. Nennvolumen) ist vorgeschrieben: 0,7 l oder 0,75 l oder 1,0 l.

⑫ „Weingut Karl Müller, Hügelheim“

Die ist der Erzeuger des Weines und zugleich auch der Abfüller (oben zu ⑩).
Steht die Angabe **„Weingut“** auf Etikett oder Weinkarte, dann müssen alle Trauben aus diesem Betrieb stammen, auch wenn dem Betrieb eine Weinkellerei angeschlossen ist, die auch Fremderzeugnisse vertreibt.
Ein „Gutswein“ muß zu 100 % aus eigenen Trauben des Winzers stammen und darf auch nicht durch Verschnitt Wein oder auch nur Süßreserve enthalten, die aus einem anderen Winzerbetrieb stammt.

Was muß/darf sonst noch auf dem Etikett stehen?

Vorgeschrieben ist die Angabe der **Weinart** bei Qualitätswein b.A., wenn es sich um Rotling oder Roséwein (Roseewein) handelt. Bei Tafelwein besteht Angabepflicht, wenn er nur als „Deutscher Tafelwein" bezeichnet ist, auch für Rotwein und Weißwein.

Rotling ist ein Wein von blaß- bis hellroter Farbe, der durch Verschnitt von Weißweintrauben, auch gemaischt, mit Rotweintraubemauch gemaischt, hergestellt ist (der einzige Fall eines erlaubten Rot-Weiß-Verschnittes!). Bei rheinhessischem Wein ist diese Angabe selten anzutreffen, weil Rotling kaum hergestellt wird.

Roséwein wird, soweit es sich um Qualitätswein handelt, ausschließlich aus hellgekeltertem Most von Rotweintrauben hergestellt. Das heißt: Die Trauben werden sofort, ohne vorherige Angärung, abgepreßt (gekeltert) und nicht, wie sonst bei der Rotweinbereitung, „auf der Maische vergoren". (Bei Tafelwein ist nach einem Urteil des Europäischen Gerichtshofes allein die Farbe maßgeblich.)
Ist der Roséwein aus Trauben gewonnen, die von einer einzigen Rebsorte stammen, dann darf die Angabe **Weißherbst** statt dessen verwendet werden. Die Rebsorte ist dabei in gleicher Schrift, Größe und Farbe anzugeben. Besonders der „Portugieser Weißherbst" ist in den letzten Jahren in Rheinhessen häufiger vorzufinden.

Liebfrauenmilch wird fast ausschließlich exportiert. Wer Rheinhessen besucht, wird daher die Angabe selten auf dem Etikett vorfinden, obwohl sie mit der Region verbunden ist. So bezeichnet werden dürfen aber auch liebliche Qualitätsweine von der Nahe, aus der Rheinpfalz und dem Rheingau, wenn sie überwiegend aus Trauben der Rebsorten Riesling, Silvaner, Müller-Thurgau oder Kerner hergestellt, von der Geschmacksart dieser Rebsorten bestimmt und nicht mit einer Rebsortenangabe versehen sind.

Hinweise auf verliehene Gütezeichen oder Auszeichnungen finden sich meistens neben dem Hauptetikett, in Form von Streifen oder siegelförmigen Aufklebern.
Solche Hinweise sind nur ganz beschränkt erlaubt. Bei rheinhessischem Wein kommt als Gütezeichen nur das **Deutsche Weinsiegel** in Betracht. Es wird von der Deutschen Landwirtschaftsgesellschaft (DLG) verliehen. Der Wein muß nicht nur die Qualitätsprüfung bestanden haben, sondern zusätzlichen Ansprüchen genügen, die durch eine unabhängige Kommission festgestellt werden.

Das Deutsche Weinsiegel gibt es in den Farben gelb (für trockene Weine), grün (für halbtrockene Weine) und rot (für Weine, bei denen die vorgenannten Bezeichnungen oder Diabetiker-Angaben – siehe oben zu ⑦ – nicht gemacht werden, praktisch also die lieblichen und süßen Weine). Die farbigen Siegel signalisieren also nicht nur gehobene Qualität, sondern auch die Geschmacksrichtung.
Beim Rheinhessenwein war früher – wie allgemein überregional – ein römischer Winzer mit der Traube auf dem Siegel abgebildet. Inzwischen sind regionale Symbole zugelassen worden, in Rheinhessen ist es eine römische Amphore mit Traube.
Prämiierungsstreifen in Gold, Silber oder Bronze zeigen an, daß der Wein bei der **Gebietsweinprämiierung** (in Mainz) oder bei der Bundesweinprämiierung der DLG ausgezeichnet wurde (bei welcher, besagt der Streifentext). Zur **Bundesweinprämiierung** werden nur solche Weine zugelassen, die schon regional ausgezeichnet wurden. Vergeben wird von der DLG der Große Preis, der Silberne Preis und der Bronzene Preis.
Bei diesen Prämiierungen werden auch Ehrenpreise vergeben (in Rheinhessen z. B. der Ehrenpreis der „Weinbruderschaft Rheinhessen" für den Betrieb mit dem besten trockenen Qualitätswein). Auf sie darf aber auf dem Etikett nicht hingewiesen werden.

Wo Fröhlichkeit zuhause ist

Wein- und Winzerfeste*

Zeit	Ort	Fest
Januar		
Erster Sonntag	Gimbsheim	Weinbrunnenfest
April		
Zweites Wochenende	Volxheim	Weinfest
Mai		
Drittes Wochenende	Nierstein (Ortsteil Schwabsburg)	Weinfest
Letztes Wochenende	Gau-Odernheim	St. Urbansfest
	Worms-Pfeddersheim	Weinbrunnenfest
Christi Himmelfahrt	Hangen-Weisheim	Weinfest im Wald
Pfingsten	Oppenheim	Wäldcheskerb
Juni		
Erstes Wochenende	Bodenheim	St.-Albans-Fest
	Gimbsheim	Weinbrunnenfest
	Westhofen	Traubenblütenfest
Zweites Wochenende	Alsheim	Rheinblickfest
	Wachenheim	Winzergassenfest
	Zornheim	Lindenplatzfest

Fortsetzung **Juni** Seite 140

Dieser nach dem Stand von 1987 aktualisierte „Kalender der Wein- und Winzerfeste“ wurde erstmals und speziell für mein Buch „Weinparadies Rheinhessen“ erstellt. Die Übersicht nennt diejenigen Feste in Rheinhessen, bei denen der Wein nach Benennung oder Brauchtum Mittelpunkt des Geschehens ist und die sich durch Bedeutung oder Originalität hervorheben. Nicht aufgenommen sind Kirchweihfeste („Kerb“) und Märkte (in größeren Weinbaugemeinden mit Weinproben und Weinkostständen verbunden) sowie sonstige lokale Veranstaltungen aus anderem Anlaß. Die meisten Termine sind für alle Jahre verbindlich, bei einigen können sich geringfügige Verschiebungen ergeben, die durch Presse und Plakate ersichtlich gemacht werden. Auch die Verbandsgemeinden veranstalten teilweise jährlich Weinfeste, und zwar abwechselnd in den einzelnen Ortsgemeinden.

Zeit	Ort	Fest
Fortsetzung **Juni**		
Wochenende nächst Johannistag	Alzey	Johannisnacht in der Schloßgasse
	Mainz	Johannisnacht
Vorletztes Wochenende	Selzen	Weinfest „Tanz auf der Kaiserstraße“
Letztes Wochenende	Flörsheim-Dalsheim (Ortsteil Dalsheim)	Weinfest am Römer
	Sankt Johann	Weinmarkt
	Hangen-Weisheim	Weinkerb
Juli		
Erstes Wochenende	Gimbsheim	Weinbrunnenfest
	Mörstadt	Weinfest
Zweites Wochenende	Dienheim	Weinfest im Paterhof
	Mainz-Ebersheim	Weinfest
	Wachenheim	Winzergassenfest
Drittes Wochenende	Ensheim	Brunnenfest
	Dittelsheim-Heßloch (Ortsteil Dittelsheim)	Kellerfest am Kloppberg
Letztes Wochenende (oder erstes Wochenende im August)	Nackenheim	Weinfest am Fröhlichen Weinberg
	Worms-Rheindürkheim	Rheinperlenfest
August		
Erstes Wochenende (oder letztes Wochenende im Juli)	Nackenheim	Weinfest am Fröhlichen Weinberg
	Nierstein	Winzerfest
Zweites Wochenende	Bubenheim	Bacchusfest
	Ludwigshöhe	Weinfest
	Mettenheim	Weinfest am Michelsberg
	Oppenheim	Weintage
	Worms-Herrnsheim	Weinfest im Schloßhof
Vorletztes Wochenende, Nachlese am letzten Wochenende	Guntersblum	Kellerwegfest
Drittes bis letztes Wochenende	Bingen	St.-Rochus-Fest

Zeit	Ort	Fest
Fortsetzung **August**		
Letztes Wochenende bis erstes Wochenende im September	Worms	Backfischfest (mit Wonnegauer Weinkeller)
Letztes Wochenende, bis erstes Wochenende im September	Mainz	Weinmarkt
Letztes Wochenende	Appenheim	Rathausfest
September		
Erstes Wochenende	Mainz	Weinmarkt (Beginn siehe August)
	Worms	Backfischfest (Beginn siehe August)
Erstes bis zweites Wochenende	Bingen	Winzerfest
Zweites Wochenende	Bechtheim	Weinfest am Pilgerpfad
	Saulheim	Weinkerb
	Worms-Abenheim	Klausenberger Weinfestival
Drittes Wochenende	Alzey	Winzerfest (mit Weinkosthalle)
	Schwabenheim a. d. Selz	Weinmarkt
	Wallertheim	Weinkerb
Viertes Wochenende	Horrweiler	Kelterfest
Letztes Wochenende bis erstes Wochenende im Oktober	Ingelheim	Rotweinfest
Oktober		
Erstes Wochenende	Ingelheim	Rotweinfest (Beginn siehe September)
Zweites Wochenende	Gau-Algesheim	Fest des jungen Weines
Letztes Wochenende	Appenheim	Winzerfest

Anhang

Adressen für Weinfreunde

Weinfach-Institutionen

Rheinhessenwein e. V., An der Brunnenstube 33–35, 6500 Mainz, Tel. 0 61 31/68 10 58

Landes-Lehr- und Versuchsanstalt für Landwirtschaft, Weinbau und Gartenbau, Zuckerberg 19, 6504 Oppenheim, Tel. 0 61 33/20 98

Landwirtschaftskammer Rheinland-Pfalz, Außenstelle Alzey, Gartenstraße 8, 6508 Alzey, Tel. 0 67 31/72 02

Landesanstalt für Rebenzüchtung, 6508 Alzey, Georg-Scheu-Straße 1, Tel. 0 67 31/74 83

Weinseminare

Volkshochschule Alzey, Rodensteinerstr. 47, 6508 Alzey, Tel. 0 67 31/61 20

Weiterbildungszentrum Ingelheim, Fridtjof-Nansen-Haus, 6507 Ingelheim, Tel. 0 61 32/70 46

Weinkulturelle Vereinigungen

Weinbruderschaft Rheinhessen zu Sankt Katharinen, 6501 Dexheim, Niersteiner Straße 24 (Sekretariat), Tel. 0 61 33/5 01 36

Die Ehrbare Mainzer Weinzunft, 6531 Ockenheim, Helmerichstr. 33 (Sekretariat), Tel. 0 67 25/45 56

*Museen mit Weinexponaten**

Deutsches Weinbaumuseum, 6504 Oppenheim, Wormser Straße 49, Tel. 0 61 33/25 44

Landesmuseum, 6500 Mainz, Große Bleiche 49–51, Tel. 0 61 31/2 17 44

* Ausführlich mit Beschreibung der Ausstellungsstücke, Öffnungszeiten usw. vorgestellt in meinem Buch „Weinparadies Rheinhessen".

Römisch-Germanisches Zentralmuseum, 6500 Mainz, Ernst-Ludwig-Platz, Tel. 0 61 31/2 31 43
Bischöfliches Dom- und Diözesanmuseum, 6500 Mainz, Domstraße, Tel. 0 61 31/2 48 75
Haus-Sammlung Kupferberg, Wein- und Sektmuseum, 6500 Mainz, Kupferbergterrasse, Tel. 0 61 31/10 50
Museum der Stadt Worms, 6520 Worms, Andreasstift am Wekkerlingplatz, Tel. 0 62 41/85 33 33
Stiftung Kunsthaus Heylshof, 6520 Worms, Stephansgasse 9, Tel. 0 62 41/2 20 00
Museum der Stadt Alzey, 6501 Alzey, Am Kronenplatz, Tel. 0 67 31/13 13
Heimatmuseum der Stadt Bingen, Burg Klopp, 6530 Bingen/Rhein, Tel. 0 67 21/18 41 90
Heimatmuseum Sprendlingen, 6555 Sprendlingen, Sankt Johanner Straße 14, Tel. 0 67 01/71 97
Weinmuseum Flörsheim-Dalsheim, 6521 Flörsheim-Dalsheim, Alzeyer Straße 160, Tel. 0 62 43/70 03

Dank und Quellen

Die Herausgabe dieses kleinen Buches wurde unterstützt von der Werbegemeinschaft Rheinhessenwein e.V.
Für seine Mitarbeit an der Entstehung dieses weingastronomischen Führers danke ich besonders meinem Sohn Thomas Koch.
Bei der Auswahl der Lokale waren mit Wissen und Rat rheinhessische Weinfreunde behilflich: Hans Baumann und Dr. Hans Kersting (Mainz), Rolf und Ilse Bindseil (Worms), Josef Loos (Bingen), Dieter Graumann (Dexheim), Horst Vollmer (Wörrstadt).

Den Text zum „Rheinhessenweinlied" (Auszug S. 22) schrieb Irmgard Koch.
Die Zitate im Kapitel über die Weinlokale sind folgenden Quellen entnommen: Spang, Immer reifen Korn und Trauben, 1948 (S. 30) Joe Ludwig, Wie er leibt und lebt (Schallplatte), Medien-Verlag Sobernheim (S. 34)
Rebsortenspiegel (Seite 115) und Rebflächenangaben stützen sich auf Hektarzahlen der Statistischen Berichte des Statistischen Landesamtes Rheinland-Pfalz, Bestockte Rebflächen 1986, März 1987.
Zur ersten umfassenden Weinchronik für Rheinhessen (Seite 116) haben mir Dr. Heinz Lott (Worms/Oppenheim) und Karl Matheis (Alzey-Weinheim) für 1947–1970 und 1982–1986 ergänzende Angaben vermittelt. Für die Weinjahrgänge 1947–1953 war auch die Übersicht von Heinrich Rodrian in „Lebensfreude aus Rheinhessen" (2. Auflage 1955) nützlich.

Die Fotos auf Seite 35, 71, 72, 89, 90, 99, 100, 110, 120, 129 stammen von Wolfgang Kamp (Alzey), die Fotos auf Seite 36, 53, 119, 130 von Klaus Baranenko (Worms), das Foto auf Seite 109 ist von Udo Kröner; die Fotos auf Seite 17, 18, 54 und das Umschlagfoto hat Robert Dieth (Nieder-Olm) gemacht; das Foto auf Seite 17 wurde aus dem Archiv des Rheinhessenwein e.V. überlassen.

Die Graphik (Vorsatz und Weinfahrten-Karte) gestaltete Joachim Ahrens (Alzey).

Schon in dritter Auflage ist dieses Standardwerk „ein Buch, das durch seine Fülle von Informationen besticht" (Frankfurter Allgemeine Zeitung). 448 Seiten, 228 Fotos, umfassendes Ortslexikon, mehrfarbige Weinlagenkarte: „. . . ein heimatkundliches Kompendium und Nachschlagewerk nicht nur für den Weinspezialisten" (Südwestfunk). Verlag der Rheinhessischen Druckwerkstätte Alzey.

Weitere Bücher von Hans-Jörg Koch über Rheinhessen im Verlag der Rheinhessischen Druckwerkstätte Alzey

RHEINHESSISCHE IMPRESSIONEN
Texte und Bilder einer Landschaft

UNBEKANNTES RHEINHESSEN
Eine Foto-Auslese

GELACHT, GEBABBELT UN GESTRUNZT
Fröhliche Mundart zwischen Rhein und Donnersberg

WENN SCHAMBES SCHENNT
Rheinhessisch-Mainzer Schimpf-Lexikon

BLARRER, ZAPPE, LEDDEKÖBB
Ortsneckereien aus Rheinhessen

Sonstige Rheinhessen-Literatur im selben Verlag in Auswahl

Kirsten Beisiegel
Rheinhessisches Kochbuch

Heinrich Bechtolsheimer
Das Hungerjahr
Weizenähre, Rebenblatt und Tannenzapfen
Zwischen Rhein und Donnersberg

WEINFAHRTEN-KARTE RHEINHESSEN

Orte mit weingastronomischen Betrieben, die in diesem Buch vorgestellt werden, sind unterstrichen.